ジェンダー平等教育実践資料集

―多様性を排除しない社会にむけて―

JTU 日本教職員組合

『ジェンダー平等教育実践資料集─多様性を排除しない社会にむけて─』発刊にあたって

日本教職員組合
ジェンダー平等教育推進委員長
梶原　貴

　このたび『ジェンダー平等教育実践資料集』を10年ぶりに発刊するにあたって作成チームとして確認したのは、教職員の皆さんと最新の情勢を共有し、その上で現場の実践に積極的に活用していただけるものを作成したいというものでした。

　さて、2019年は国連が女性差別撤廃条約を採択してから40年の節目の年にあたります。その前年の2018年度のノーベル平和賞は、コンゴ共和国の医師デニス＝ムクウェゲ氏と、イラクの人権活動家ナディア＝ムラド氏が受賞しました。どちらも女性への性暴力、性差別は人権問題であることを訴え、性暴力、性差別被害からの救済と解放をめざして、大変強い意志と勇気をもって活動してきたことが高く評価されました。今日では、女性への暴力・抑圧は人権侵害ととらえられ、日常のジェンダー・ギャップの解消なくして人権が尊重される平和で穏やかな日常は実現しないことが共通認識されています。同条約40年の節目とノーベル平和賞の受賞は無関係ではなく、ジェンダー平等はグローバルスタンダードとなりました。

　しかし、今の日本で同条約が生かされているかを問われれば、「否」と答えざるを得ないのではないでしょうか。条約を批准して34年が経過しましたが、いわゆるハラスメント関連法が、遅きに失した上に内容が不十分なまま成立したことや、世界経済フォーラムが公表するジェンダー・ギャップ指数の値からもそのことは明白です（2018年の日本は149ヵ国中110位）。

　とは言え、差別解消にむけて前進がはかられた点もあります。一部府県で高校入試における入学願書の性別欄が撤廃されたことです。これは長年「性別で分けない名簿」のとりくみや、就労時の履歴書の「統一応募用紙」を広めてきた私たちの運動の延長線上に成し得たものと言えます。また、文科省は、社会や学校にいまだ残る性別役割分担意識を改めるには教職員の意識改革が必須であるという考えにもとづき、中学・高校教職員むけの研修プログラムの策定作業に入ることを明らかにしました。これも私たちが時代に先んじてジェンダー平等教育の重要性を訴え、普及・啓発にとりくんできた運動が功を奏した結果といえるのではないでしょうか。

　今後は女性差別撤廃条約の実効性を高めていくために、広範な市民と連携し、とりくみを更に強化していくことが必要です。そのためにも、私たちは日教組第三次女性参画推進行動計画の着実な履行をすすめ、足元から平和、人権、環境、共生の視点でジェンダー平等をとらえていかなければなりません。そうした意味で、この実践資料集が教育の場はもとより、日常の様々な場面でいかされ、ジェンダー平等社会の実現にむけて勇気ある一歩を踏み出す一助になることを願っています。

ジェンダー平等教育実践資料集―多様性を排除しない社会にむけて―

目　　次

『ジェンダー平等教育実践資料集―多様性を排除しない社会にむけて―』
発刊にあたって ………………………………………………… 003

ジェンダー平等教育をすすめるにあたって ………………………… 005

ジェンダー平等教育Ｑ＆Ａ ……………………………………… 015

実践事例・コラム一覧 …………………………………………… 032

　1．仕事について考えよう ……………………………… 034

　2．「母の仕事」と向き合う ……………………………… 038

　3．「働く」前に知っておいてほしい「大切なこと」 ………… 044

　4．性の多様性について知ろう ………………………… 049

　5．人を好きになるということ ………………………… 053

　6．高校におけるLGBTに関する授業実践 ………………… 058

　7．差別を見抜き、ともにつながり、生きていく力を育てる ……… 065

　8．保健室から伝えたい 今学校で求められていること ………… 069

　9．リプロダクティブ・ヘルス／ライツ（性と生殖における健康と権利）
　　について知ろう ……………………………………… 073

資料　ジェンダー平等教育をめぐる動き

　世界の動き・日本の動き ……………………………… 076

　行政が関与する性犯罪・性暴力被害者のための
　ワンストップ支援センター（一覧）………………………… 078

　用語解説 ……………………………………………… 081

　性的指向に関する世界地図 …………………………… 082

あとがき …………………………………………………… 084

ジェンダー平等教育を
すすめるにあたって

ジェンダー平等教育を
すすめるにあたって

（1）とりくみの歴史

🌀「女子教育もんだい」のはじまり

　　日教組が、女子に自立の力をつけるとして「女子教育もんだい」研究を始めたのは 1974 年です。国内外では、「国際婦人年」（1975 年）を契機にした動きが活発になってきた頃でした。しかし、教育の分野においては 1973 年に高校家庭科が女子のみ必修となるなど、高度経済成長期を背景とした教育政策の転換により、戦後始まった家庭科の男女共学の理念は後退していました。家庭科の女子のみの履修は、女性は家庭、男性は仕事という性別役割分業を強化するものでした。それに対し、「性別役割分業をなくし、女性が社会的・経済的に差別されている現状を変革しなければならない」との危機感から、女子の自立をめざす教育運動が始まりました。

　　運動をすすめるにあたって基本としたのが、主体性をもたらす精神的自立、自分の命を維持していけるだけの生活処理能力としての生活的自立、そして、経済的裏づけをもった自信となる経済的自立です。この中で一番に重要視したのが、経済的な自立でした。労働をどう教えるか、また経済的な力をどうつけるかなどが議論の柱となりました。当時は、「義務教育諸学校の女子職員および医療施設等の看護婦、保母の育児休業に関する法律」（1975 年）が実現したばかりであり、民間では、女性が結婚すると退職を勧奨される時代でした。男女間賃金格差は今よりも大きく、女子に経済的自立の力を育てる視点は長らく欠落したままでした。

　　教育研究運動は、討論や対話を通して一人ひとりの教員自身が変わることによって日常的な実践を変化させていこうとするものです。分科会では、女たちの生き方の現状を問い直すことから議論がはじまりました。その中で、「男は社会、女は家庭」という性別役割分業固定化の問題と教育、女の働く意義と労働権、さらに女性労働者としての女性教職員の生きざまとたたかいについて、また、人間の自立とは何か、そのために教育または生活の中でどのようなとりくみをすすめるか等々、各県における実態調査や、意識調査・教育実践をもとに討議が深められていきました。その中で、女子の「23 歳止まりの人生設計※」を解消するためには、すべての教職員が、すべての教科で、教科書や教材・指導を見直し、女子教育の改善を急がなければならないとしました。しかし、「専業主婦を否定するのか」「女性解放運動を教育部門にもってくるのはおかしい」など無理解による内外からの逆風は強く、刷り込まれてきた性別役割分業意識を変えることは簡単なことではありませんでした。

　　「女子教育もんだい」が始まって 7 年目の 1981 年。第 30 次全国教研において、「女子教育もんだい」は独立した分科会になりました。また毎年 8 月に、自主参加による組合員の

理論学習の場として「女子教育もんだい研究会」が開催されるようになり、とりくみは粘り強く続けられていきました。

※　結婚することが女性のゴールと見られていた当時（1970年代）の意識慣習に対し、その差別性を可視化するために当時の日教組婦人部の中で使われていた表現

家庭科教育の脱性別化

「女性差別撤廃条約」（1979年）は、各国政府に、教育における男女の定型化された役割にもとづく偏見及び慣習・慣行の撤廃のための必要な措置を求めました。これによって日本政府も、教育課程上の脱性別化が迫られることになりました。こうしたことから、日教組は1984年に「家庭科の男女共学・必修」要求署名運動を開始しました。1985年には、日本政府も女性差別撤廃条約を批准し、1994年に高校家庭科の男女必修が開始されました。しかし、この教育課程上の脱性別化の意義は周知されず、教科書の挿絵や名簿など学校文化の中に性別ステレオタイプや性別分離が温存されました。教職員が無意識のうちに子どもに性役割意識を刷り込む隠れたカリキュラムは、現在に至る課題です。

分科会の名称の変更へ

「女子教育もんだい」研究は、各地域の研究運動として定着していきました。しかし、発足当時から教研の参加者や夏の研究会は女性で占められており、男性の参加はあまりありませんでした。この分科会の名称そのものが、男性に広がらない原因の一つになっているとの指摘が出されると、分科会名称変更問題は一つの論点となりました。

国際機関でみられた「家庭責任をもつ女性」という考え方は、女性差別撤廃条約の「性別役割分担の解消」を経て、ILO第156号条約（1981年採択）の「両性による家族責任」へと大きく変化していきました。また、国連世界女性会議・北京（1995年）の「行動綱領」では、「あらゆるレベルの教育者がジェンダーの視点を認識していなければ差別的傾向は強化される」とし、自立・平等・共生の教育実践をすべての教職員に求めました。日本でも、女性差別撤廃条約の批准（1985年）、男女雇用機会均等法（1985年成立・1986年施行）など、男女平等社会実現にむけての法整備が一定程度すすみました。

日教組は、1997年の第46次全国教研で、分科会の名称を「女子教育もんだい」から「両性の自立と平等をめざす教育」へと変更しました。めざす方向性をはっきりさせ、さらなるとりくみの広がりをめざしました。

バックラッシュ（反動）

1999年に男女共同参画基本法が成立し、2000年代初頭に各自治体で男女共同参画条例がつくられると、ジェンダー平等化に対してバックラッシュ派は明確かつ露骨にその姿を見せ始めました。2005年には自民党内に「過激な性教育・ジェンダーフリー教育実態調査プロジェクトチーム」が結成され、第二次男女共同参画基本計画の策定を焦点として、性教育への攻撃、「ジェンダーフリー」という語をあげつらっての攻撃が行われました。東京では

多様性を排除しない社会にむけて

それに先立ち、「過激」「極めて不適切な教材」として、障害のある子どもたちの性教育に加えられた政治家の攻撃とメディアによるバッシング、加えてそれに教育委員会が同調するなど異例の事件が起きました（「七生養護学校事件」参照）。

　これらバックラッシュの影響は大きく、学校現場での性教育は後退を余儀なくされてしまいました。しかし、それらの現状に対して、日教組が行ったのが『多様性が尊重される社会をめざして―ジェンダー平等教育実践事例集―』（2009年）の作成です。女子教育もんだいに始まる教育研究運動の歴史的な経緯と意義、ジェンダー平等教育を実践する上で知っておくべき理論、また、全国教研リポートに積み上げられた実践事例などで構成されており、その活用を推進することで、ジェンダー平等教育の意義の再認識と全国各地での実践化をめざしました。

「七生養護学校事件」

　2003年、知的障害のある子どもたちの厳しい現実を前に、都立七生養護学校の教員たちが悩み、そこから生まれたすぐれた性教育実践に対し、一部の都議が定例都議会において、性器の名称を教えているなどとして非難しました。それに対して石原知事が「あきれ果てるような事態が堆積している」と述べ、「今後このような教材が使われることのないよう指導する」と教育長が答弁しました。その翌々日には、都議を含む議員数人が産経新聞記者を伴い学校視察を行いました。その際に議員たちは性教育教材を保管場所から持ち出して並べ、写真や動画を撮影。翌日には新聞に「過激性教育を都議が視察」との見出しで、都議の主張を一方的に紹介した記事とともに恣意的に撮った写真が掲載されました。その後、都教委は七生養護学校に保健主事を派遣し、不適切な性教育であるかどうかを調査するためとして教職員全員の事情聴取を行い、ビデオ、人形教材を提出させました。都教委による性教育全体計画の見直し、また教員の大量処分など、都議会での質問をきっかけとした一連の動きは、学校現場に大きな傷跡を残しました。また、この影響で従来のような授業ができなくなり、多くの子どもたちの教育を受ける権利を奪うことにもなりました。

　これらの暴挙に対し、保護者を含む31人が原告となり、裁判を起こしました。2005年の提訴から約4年を経て出された東京地裁の判決は、「七生養護学校視察に際しての都議らによる養護教諭への非難などの行動は政治的介入であり、『不当な支配』にあたる」「都教委は都議らの『不当な支配』から教員を保護する義務があるのに放置したことは保護義務違反にあたる」などとし、原告側が勝訴しました（2011年の東京高裁判決でも勝訴判決が維持され、2013年に最高裁で確定）。〔参考文献：児玉勇二『性教育裁判―七生養護学校事件が残したもの』岩波書店，2009年9月〕

（2）ジェンダー平等教育の必要性

この10年の労働の現状と課題

　国は、「女性活躍推進法」を施行し女性活躍をアピールしています。しかし国の目論見は労働力人口を増やすことです。現在も、女性の過半数が不安定な非正規労働であり、M字

型雇用（「用語解説」P81 参照）も解消されてはいません。また、家事・育児・介護などの家族ケアは依然として女性の仕事とされており、職域分離も解消されていません。第68次教育研究全国集会では、ダブルワークやトリプルワークなどで生計を立てるシングルマザーの下で、保護者の働き方を当たり前としてしまう子どもへの負の連鎖について問題提起がありました。一方、「正規雇用」においても、過労死・過労自殺にあらわれるように、長時間労働による健康破壊が「社会問題」となっています。

　教員に対しては、労働基準法36条を適用除外とする「公立の義務教育諸学校等の教育職員の給与等に関する特別措置法」（給特法）が1972年から適用されています。脱ゆとり教育など教育政策の方向転換に伴う業務量の増加、管理職の時間管理意識の薄さなどからも、長時間労働が常態化しています。

　文科省勤務実態調査（2016年度）においても、過労死ラインとされる月80時間以上の時間外労働をしている教員が中学校では6割、小学校では3割に及ぶことが明らかになりました。中央教育審議会が2019年1月に出した学校の働き方改革の答申は、一年単位の変形労働時間制の導入など、学校現場の要望に応える抜本的な改革とはなっていないのが現状です。

　国の労働政策は、私たちの暮らしに直結するものです。労働者を守る法律があることや仲間と団結する権利があることを教職員が再認識し、子どもたちに憲法や労働基準法を教えていく必要があると共同研究者から繰り返し指摘を受けるところです。これまでも、不利益に対して立ち上がった女性たちの闘いによって、労働における不平等は、一歩ずつ改善されてきました。教職員はまずそういった事実を知り、その教材化にとりくむことが求められているのです。社会で起きている問題を敏感にとらえ、暮らしやすい社会へむけて協働していくためにも、生活時間が確保できる働き方への方向転換は喫緊の課題です。

性の教育

　2017年、ハリウッドに端を発した性暴力を告発する＃MeToo（私も）という被害者による加害者告発の運動は、＃Time's Up（見て見ぬふりをするのは終わり）へと発展しました。性被害者による告発をきっかけとした動きはSNSを介して世界に広がり、各地で性差別禁止や性暴力禁止への機運が高まりました。日本でも、この＃MeToo運動の流れを受けて性被害者による告発の動きがおきました。しかし、「そんな時間にそんなところにいたから」「そんな服装をしていたから」など性被害を受けた側にまるで「落ち度」があるかのようにみなし、非難する風潮も根強く残っています。被害者は、性暴力を受けたうえに、周囲や社会の誹謗中傷で傷つけられることが多く、こうした体験はセカンドレイプや二次被害と呼ばれます。だれもが、性暴力は重大な権利侵害であることを理解し、性暴力を許さない社会の実現にむけて、一人ひとりが意識や行動を変えていく必要があります。＃WeToo（私たちも）の動きのように、私たちの関心を高めていくことが求められます。

　また、JKビジネスやアダルトビデオ出演強要など、女性の性の商品化は時代とともに形を変えて現れ続けています。国も対策を講じていますが、子どもや若年女性の性が売り物と

なる構造や買う側の性意識は放置したままです。性は、単に生物学的なものではなく、心理的、社会的な意味をもちます。また、性は人それぞれの生き方にかかわるものとして、個人の尊厳に立つ「性の教育」は喫緊の課題です。

文部省から1986年に「生徒指導における性に関する指導」が出されると、多数の実践リポートが分科会に出されました。しかし、その内容は、子どもはどうして生まれるかから生命尊重、性非行防止、性被害防止にむけたものが主でした。これらについて、共同研究者からは「性差別を温存したまま、性のタブーを取り払った形になっている」という指摘があり、自他のセクシュアリティについて教える側が認識し、「性の自立」にむけて実践していくことは容易なことではありませんでした。

リプロダクティブ・ヘルス／ライツ

性と生殖に関する領域において、女性がもっと健康面の配慮を受けるべきであり、女性の自己決定権が尊重されるべきであるというリプロダクティブ・ヘルス／ライツ（性と生殖に関する健康／権利）の主張が国際的に使われるようになったのは、1994年のカイロの国際人口・開発会議からです。すでに25年余が経ちますが、その主張が一般に広がっているとは言えません。

2017年度に日教組が行った「妊娠・出産、育児・介護等に関する権利行使についての調査」からは、組合員の2015年から2017年に妊娠した女性教職員のうち、妊娠中になんらかの問題を感じた割合は53.1％、そのうち切迫流産は30.2％と、学校は生殖にかかわる健康を維持しにくい職場であることが見えてきました。また、休暇制度の新設や治療の助成を望むなど不妊にかかわる悩みを抱える声も多数あり、産みたくても産めない現実があることが分かりました。女性には生殖機能上の保つべき健康の権利があり、そのための要求をしていくことが重要です。ここで述べているのは、すべての女性が産むべきということではありません。産めないから産まない、産めるけど産まないなど、性と生殖にかかわる自己決定権は女性自身にあるというのがリプロダクティブ・ヘルス／ライツの立場です。

合計特殊出生率（一人の女性が生涯に産む子どもの数の推計）の低下を受け、政府が出生率を政策に掲げる、また官製婚活など結婚することを奨励するなどの動きが第二次安倍政権以降顕著です。言うまでもなく、戦中は「産めよ殖やせよ」という軍国主義を象徴する人口政策がとられました。また、戦後の混乱期には優生保護法（1948年）により、人工妊娠中絶が例外的に認められるようになりました。そして、少子化による労働力人口の低下が問題視されるようになると、人工妊娠中絶の要件をより厳しくするなど、国による生殖への介入問題が起こり得ると考えられます。

今後は、女性は性について受け身であるべきとするジェンダー・バイアスを見直すなど、リプロダクティブ・ヘルス／ライツの観点から自らが権利の主体者であるとの意識を広げていくことが必要です。また、妊娠・出産を望まない場合には効果的な避妊を行うなど、正しい知識や情報を伝達することを通して、性と生殖に関する健康を維持していく意識の育成が期待されるところです。

さらに、性と生殖をめぐっては、近年、男性や女性の不妊やその治療へのサポート、同性カップルによる体外受精や養子縁組、里親制度の利用など、女性だけでなく男性やセクシュアリティと関連した課題も注目されつつあります。

あらゆる人の性の健康（セクシュアル・ヘルス）を守るとりくみが求められています。

性の多様性

文科省は、2015年に「性同一性障害に係る児童生徒に対するきめ細かな対応の実施等について（通知）」、2016年には「性同一性障害や性的指向・性自認に係る、児童生徒に対するきめ細かな対応等の実施について（教職員向け）」を発出し、性的マイノリティの子どもへの教職員の適切な理解とトイレや更衣室、宿泊行事への対応の例などの周知を行いました。

学校現場でも「性の多様性」が語りやすくなり、絵本教材の使用、講師による講演など各地で実践が広がりつつあります。しかし、文科省の認識には抜け落ちている問題があるとして、教育研究全国集会第16分科会「両性の自立と平等をめざす教育」では学校をインクルーシブな場にすることについての議論がされました。制服や名簿などにおける性別分離、教職員の刷り込まれた意識がジェンダーを強化していること、一人ひとりの子どもの違いを排除していることなどが討議されました。性のあり方は人それぞれであるにもかかわらず、子どもや同僚がそのあり方によって不利益を被る場に学校がならないよう、仲間を増やしていくとりくみが必要です。

デートDV防止教育

デートDVとは交際相手からの暴力被害をさします。最近は、外部団体との連携、自治体が作成した資料をもとに行った授業など、生徒の交際関係における暴力であるデートDVを取り上げ、その防止をめざした実践が増えてきています。デートDV防止のための教育は、人権教育の一つです。相手を尊重する、自己肯定感をもつ、自分はこう思うという意思をきちんと相手に伝えるといったようなスキルや力を日常的に養うことで防止できるとされています。また、自分の意思を伝えるのに、暴力や強制ではなく、言葉で伝えるというトレーニングが必要です。デートDV防止教育を通して見えてくるのは、恋愛という親密な関係の中でいかに個の自立をすすめるのかということです。そのために小学校時代からどのような積み上げをしていくのかなど、さらなる議論が求められます。

（3）性の多様性に関する実践をすすめるにあたって

ジェンダー平等教育では、あらゆる性をもつ人それぞれが対等であり、お互いを尊重しながら、その能力を発揮させていくことをめざします。性は本来、多様なものでありながら、女性と男性を性別で必要以上に分類したり、「女らしく」「男だから」といったジェンダーにもとづく価値観をうえつけたりすることは、個人の権利や能力を阻害することになりかねません。だれもが対等であり、平等であるという教育の基本は、ジェンダーの観点だけで達成

できるものではありませんが、性に関する事柄は「当たり前のこと」「語りにくいもの」として社会や文化に組み込まれています。「ジェンダー・バイアスに敏感な視点」（P16 参照）をもつことで、性別に関する思い込みや偏見、およびそれらにもとづく男女の非対称な取扱いに気づきやすくなり、それらを是正する実践につなげることができます。

　こうした考えをさらに広げると、そもそも性は「男／女」に二分されない多様性をもつという前提に立ち、それぞれの性自認やセクシュアリティについて理解していく必要があります。これは性的マイノリティである子どもを受け入れることに留まらず、あらゆる人の性のありようが多様であるという前提に立ち、自分自身や他者を理解し、違いを尊重する教育を実践することにほかなりません。

　近年、性的マイノリティである児童生徒の存在が認識されるようになり、学校現場ではそうした子どもたちへの配慮が求められています。性的マイノリティとは、主に、性的指向（性愛の対象など）や性自認（ジェンダーアイデンティティ）について「性的少数者」とされる人たちを表す言葉です。異性愛（ヘテロセクシュアル）が前提とされ、心と体の性別が一致していること（シスジェンダー）が「当たり前」とみなされている社会においては、「異性を好きになるのは自然なこと」「だれでも生まれたときの性別を当たり前に感じるもの」という根強い思い込みや刷り込みがあります。こうした社会では、「異性」を恋愛対象にしない人や「性別」に違和感を抱く人の存在は、見過ごされやすいばかりか、しばしば偏見や差別の対象にされがちです。

　こうした性的マイノリティを表す言葉の一つに、LGBT があります。レズビアン（L）、ゲイ（G）、バイセクシュアル（B）、トランスジェンダー（T）の頭文字で、マイノリティとされる性的指向や性的同一性の人たちを表現しています。もちろん、性的マイノリティは、これに限らず非常に多様であるため、「LGBT ＋（プラス）」と表現したり、ほかの略称を続けて記したりすることもあります（例：LGBTQA など）。こうした表現は、これまで性的マイノリティの存在を知らなかった社会には、わかりやすく、インパクトがあり、広く用いられるようになりました。当事者にとっても、自分のセクシュアリティを理解し、他者に説明するうえで、役立つ概念であったようです。

　LGBT は、このようなわかりやすさがある一方、セクシュアリティがマイノリティだけの課題であるかのように捉えられかねない面もありました。セクシュアリティとは、あらゆる人にとっての性的側面を表します。つまり、異性愛（ヘテロセクシュアル）であることも、性自認と身体的性別が一致している状態（シスジェンダー）も、その人のセクシュアリティです。同じ異性愛者でも、恋愛の好みや性に対する価値観や態度は千差万別で、その多様性こそがセクシュアリティの特徴です。

　SOGI とは、性的指向（Sexual Orientation）と性自認（Gender Identity）の頭文字から、あらゆる人々のセクシュアリティを表す概念で、国際的に用いられつつあります。SOGI もまた、それだけでセクシュアリティを包括的に表現するものではないものの、マイノリティかどうかに関わらず、セクシュアリティがすべての人にとって重要な側面であることを示す概念といえます。

自分の性別に違和感のある子ども（トランスジェンダー）に対する制服や活動（トイレ、プール、宿泊行事等）での配慮など、日常生活と密接な課題に対しては、学校でできる具体的なとりくみが示されるようになりましたが、一方、異性愛以外の性的指向をもつ子どもへの理解や配慮は、いまだ十分になされているとはいえません。恋愛に関することは「嗜好」の問題と誤解されやすく、学校で触れるべきことではないという考えも根強いようです。

　学校に限らず社会全般が異性愛を前提にしている文化や制度のなかで、異性愛ではない人たちは、「いないもの」として看過されるばかりか、「おかしい（異常）」と否定的なまなざしを向けられがちです。子どもたちは、こうした社会の価値観に触れ、子ども同士でいじめや差別を行うことがあります。残念ながら、教職員が「オカマか」「自分は"そっち（ゲイ・レズビアン）"じゃないから」といった差別的な言い方をしてしまうこともあるようです。子どもにとって、身近な大人の言動は大きな影響をもたらします。まずは、教職員が性的マイノリティを揶揄したり、否定したりする言動をなくすようにしましょう。

　そのうえで、子どもたちにもセクシュアリティが多様であることを伝え、からかいやいじめは重大な差別であり、暴力であることをはっきりと示します。そのつど生徒指導をするのはもちろん、性教育や人権学習のなかでも取り上げていきましょう。性教育をはじめとするあらゆる授業において、「異性を好きになるのが自然」といった言い方をなくしたり、子どもと一緒に、性に対する社会の捉え方やジェンダーについて「現状のあり方で傷つく人や不都合な人はいないか」という問いを投げかけたりしていくといったとりくみもできます。

　まず、教職員が「性」に対して特別視や抵抗感をもたず、性が身近なトピックスであると感じられるようになるとよいでしょう。社会にある様々な価値観や制度には、ジェンダーが関連していますし、子どもの発達においても性は欠かせない側面です。改まって「性について教えなければ」と構えてしまうと、「自分には教えられない」としり込みしてしまう教職員もいるかもしれません。ですが、性は身近なものだと捉え直せば、日常の学級運営や教科指導のなかでもできることはたくさんあるのです。

ジェンダー平等教育
Q & A

ジェンダー平等教育 Q&A

⑤ 意識・慣習

Q1 ジェンダーの視点をもつというのは、どういうことでしょうか？

　一般に「ジェンダーの視点」と言われている言葉をより正確に表現するなら、「ジェンダー・バイアスに敏感な視点」と言い換えてもよいでしょう。ここでいう「ジェンダー・バイアス」とは、性別に関する思い込みや偏見、およびそれらにもとづく男女の非対称な取扱いをさします。学校におけるジェンダー・バイアスに敏感になり、それらを解消していこうとする教育実践が、ジェンダーの視点に立ったジェンダー平等教育の基本だといえるでしょう。2011年の学習指導要領改定以降、フォーマルなカリキュラムのレベルでのジェンダー・バイアスは一応解消されました。しかし、「隠れたカリキュラム」（「用語解説」P81参照）のレベルでは、いまだに様々なジェンダー・バイアスが見られる学校が少なくないと思われます。

Q2 「隠れたカリキュラム」としてのジェンダー・バイアスにはどのようなものがあるでしょうか。どうすればそれを解消していけるでしょうか。

① 学校の制度や慣行

　男女別（ほとんどの場合男子が先）の名簿、靴箱やロッカー等の男女別配置、集会時の男女別整列、名札や上履き等の性別による色分け、男女別の制服や体操服などが挙げられます。そんなことはたいしたことではないと思われがちですが、実際に、男子が先の男女別名簿を性別で分けない名簿に変更した学校の教職員からは、子どもたちを性別で一括りに見る意識が薄れて個々人の個性により意識をむけるようになったとか、女子と男子がより自然に交流するようになったという声がよく聞かれます。だとすると、これらの男女別処遇は、教職員が子どもたちのことを認識したり、子どもたちが自分たちのことを理解したりする際に、男女の違いをことさらに際立たせて同性内の個々人の多様性を見えにくくさせていることになります。そして、性別に関する偏見を助長し、子どもたちを男女のステレオタイプに押し込めて個性や多様な可能性の芽を摘んでしまっているのです。

　まずは学校で男女を区別している制度や慣行にどのようなものがあるか考えてみましょう。つぎに、そうした区別はどうしても必要な区別なのか、そうした区別が性別に関する思い込みを助長させていないかなどを教職員同士で話し合ってみましょう。そして、合理的な説明ができない区別や

分ける必要のない場面での区別は解消していくのがよいでしょう。

なお、身体測定や健康診断を男女別に行うことを理由として男女別名簿の合理性が主張されることがありますが、だからといって学校生活の他のあらゆる場面でも男女別名簿でなければならないことにはなりません。いまや表計算ソフトを使えばクリック一つで名簿を男女別に並べ替えることができます。分けるか分けないかの二者択一ではなく、性別で分けないことを基本としつつ、どうしても分ける必要があると判断されるときだけ分ける、その際にも常に一方の性別を先にするのではなく時によって男女で順番を変えるなどの柔軟な対応が望まれます。

② 教職員自身の言動

教職員は、子どもたちにとって保護者と並んで日常生活で最も身近に接する大人です。したがって、たとえば教職員集団のなかに「お茶くみは女性、テント設営は男性」というような役割分担が見られたとすれば、それは教職員たちの意図とは関係なく大人の役割モデルとして機能し、子どもたちに対して固定的な男女のイメージを助長してしまいます。

また、教職員自身が気づかないうちに、子どもたちの性別によって褒め方や叱り方の基準を変えていたり、男女のステレオタイプ的なイメージに沿った進路指導をしていたり、子どもたちを見る際に一人ひとりの個性よりも「このクラスの女子は…、男子は…」という性別で一括りにした見方に囚われているとすれば、子どもたちの個性や多様な可能性の芽を摘んでしまいます。

教職員の仕事の分担に性による偏りは見られないか、子どもたちに対して性別にもとづく偏見をもって接していないか、再度振り返って考えてみることが重要でしょう。

③ 子どもたちの言動

たとえ教職員が子どもたちを男女で分けたり子どもたちに男女のステレオタイプを押しつけたりしなくても、子どもたち自身が互いにステレオタイプを強化し合う場面もよく見られます。たとえば、男女で分かれる必要のない場面でも自然と男女で分かれようとしたり、「女子 vs 男子」という構図でクラスの状況を語ったり、班活動でリーダーとフォロワーが性別によって固定されがちであったり、他の子どもを性による偏見にもとづいて評価する発言をしたりする場合などです。

こうした子どもたちの態度の変化と偏見の解消を促すには、男女で一緒に活動する場面をあえて作ったり、異性の立場に立って考える機会を設けたり、普段異性に任せている活動にとりくむ機会を作ったりすることが有効でしょう。

「男らしく」「女らしく」と言うべきではないと言われますが、同じように育てても、男の子は乗り物や怪獣が好き、女の子はおままごとやお人形ごっこなどが好きです。男らしさ、女らしさを否定するのは無理があるのではないでしょうか。

••

男女のきょうだいを同じように育てても、好きなことや振る舞いが女の子と男の子で違うということは、われわれの経験上よく目にすることです。そうした違いのどこまでが生まれつきの生物学的な要因によるものであり、どこからが生まれた後の環境の違いによって形成されたものであるの

かはさておき、一般にそうした違いが見られることは事実であり、そのこと自体否定されるべきではありません。むしろ問題なのは、そうした一般的・平均的な男女の違いが「女の子／男の子はこうあらねばならない」という規範に転換され、そうした規範に必ずしも適合しない子どもたちの志向や行動が、保護者や教職員などの大人たちによって否定されたり、子どもたち同士のいじめにつながったりする場合です。

職業の世界では、従来男性向きとされていた乗り物の運転士に女性が就くことは珍しくなくなってきましたし、保育や介護に関わる仕事でも男性が増えています。また家庭では、男性にも家事・育児・介護などが求められる時代になってきています。そうしたなかで、女の子が乗り物を好きになることや、男の子がままごとや人形遊びに興味をもつことは、否定されるべきどころか、むしろこれからの社会に適応していくうえで望ましいことであるに違いありません。これまで男らしさ、女らしさと呼ばれてきたものすべてを否定しようというわけではなく、固定的な「女らしさ」「男らしさ」を押しつけないこと、性別にかかわらず子どもたちの多様な個性を認め尊重することこそが重要です。

 子どもたちを性別にかかわらず「さん」付けで呼ぶ実践を聞きますが、そこまでする必要性が分かりません。男子は「くん」付けで呼ぶ方が子どもとの距離が縮まるのではないでしょうか。

ここでは、子どもたちを性別で呼び分けること自体の問題と、男子には「くん」を、女子には「さん」を使うことの問題に分けて考えてみましょう。

まず、子どもたちを性別で呼び分けること自体の問題として、大きく２つ挙げられます。１つは、女子と男子をどう呼び分けるにせよ、子どもたちを性別によって区別して呼ぶことは、男女の違いをことさらに強調して同性内の一人ひとりの多様性を見えにくくさせてしまうという問題です。それは、子ども一人ひとりがもつ多様な個性や能力を尊重し伸ばしていくという観点から見れば、望ましいことではないでしょう。

もう１つは、性的マイノリティの子どもたちに辛い思いをさせてしまうという問題です。とくに、自分の性別は出生時に割り当てられた性別とは異なると感じる「性別違和」を抱える子どもにとって、自らが望まない性別の呼び方で呼ばれることはとても不快で辛いことです。性別違和を周りに打ち明けている子どもであれば、本人が望む性別での呼び方をすればよいかもしれませんが、そうでなければ対応のしようがありません。また、教職員には性別違和を打ち明けていても他の子どもたちにはそのことを知られたくないという場合、他の子どもたちの前でその子を性自認の性別で呼ぶことは「アウティング」（「用語解説」P81 参照）にあたり人権侵害となる恐れがあります。性別に限らず、すべての子どもを「さん」で呼ぶことで、少なくとも性的マイノリティの子どもたちが辛い思いをする場面を減らすことができます。

次に、男女の呼び方を区別する際に、男子には「くん」を、女子には「さん」を使うことの問題です。「さん」は、目下の人から目上の人までそれほど親しくない人にも幅広く使用できる、よ

りニュートラルな言葉ですが、「くん」は目下または対等で近しい関係の人にしか使用できません。だとすれば、この呼び分け方は、単に男女を区別するだけでなく、本人も気づかないうちに、女子よりも男子を「上から目線」で見たり、女子との関係を男子よりも疎遠なものにしたりする効果をもち合わせているかもしれません。

　これまで男子を「くん」、女子を「さん」で呼び分けていた人は、ぜひ一度、子どもたちを男女ともに「さん」で呼んでみてください。男子を見る目や男子との関係性に変化が生じたり、男女の違いよりも一人ひとりの個性がより見えてきたり、子どもたち同士の関係性や態度にも変化が見られたりするのではないでしょうか。

⑤ 労働・家族

Q5　働くことについて教えたいのですが、どんな視点を大切にすべきですか？

・・

　1つには、報酬を伴う労働と無報酬の労働（アンペイド・ワーク）の両方を意識して教えるという視点です。「働く」というと、収入を得る仕事をすることをイメージしますが、お金をもらわない仕事もあります。家事労働は無報酬の労働（アンペイド・ワーク）の典型です。

　日本には、男性が収入を得る仕事を行い、女性が無償の家事労働をするという固定的な性別役割分業意識が根強く残っています。家事・育児や高齢者の介護などは女性の本能や役割であるなどとして、子どもの頃から、女の子だけが台所での家事を手伝うよう訓練されたり、共働き家庭であっても妻だけが帰宅してから大量の家事をしたりする家庭がたくさんあります。ジェンダー平等の社会を作るためには、労働の場における平等だけでなく、家事労働における平等も教えることが必要です。アンペイド・ワークはお金に交換されないため軽視されがちですが、人間が生きていくために不可欠な価値のある労働です。

　もう1つは、労働基準法や労働組合法など、労働者の権利を守る法律があり、労働者の権利は行使することが必要であるという視点です。

　労働を提供して対価を得る者（労働者）は、賃金によって生活を成り立たせる必要があるため、雇用する側（使用者）と比べて力が弱く、対等に交渉することができません。相対的に力の弱い者の人間らしい生活を確保するために、最低限の労働条件が法律（労働基準法等）で保障されています。また、労働者が団結して使用者と交渉することによって労働条件を向上させることが予定されており、団結権・団体交渉権・団体行動権（労働三権）等が保障されています。権利は行使しなければ絵に描いた餅であり、どんどん切り縮められてしまいます。

　権利を知らず、行使のしかたもわからない子どもたちが、将来就職して職場に入ったとき、ひどい扱いを受けて権利を侵害されたり、健康を損なったり過労で自死に追い込まれたりする危険があります。

厚生労働省も、労働基準法等の労働法の知識を高校生らに教えることは重要だと述べています。「キャリア教育」のプログラムでは、企業にとって役に立つ使い勝手の良い職業人であることの方が重視されがちなようです。しかし、企業から命じられたことに従うことばかりを教えるのは危険であり、自身の生活や健康を守るために、働く者の権利を知り、行使することを教える必要があります。

Q6 専業主婦になりたいという子どもの希望は否定的にとらえるべきですか？

Q5で述べたとおり、家事労働などのアンペイド・ワークは人間が生きていく上で不可欠な価値のある労働です。専業主婦は、もっぱら家事・育児等の無報酬の労働に従事し、労働の対価を得ませんが、無報酬の労働も価値がある労働であって、報酬を得られる仕事に就かないことは、悪いことではありません。専業主婦が活躍していないとも言えません。収入の多さと人間の価値とはまったく関係ありません。

ただ、家事労働に専従する人が女性に多い一方、男性は非常に少ないことは事実であり、その差の大きな原因は、性別役割分業意識と日本の社会構造にあると言えるでしょう。

結婚している女性が働いて収入を得たいと思っても、男性が主たる生計維持者で女性は家計補助的労働でいいのだから高額の賃金は払わなくてもいいという固定観念は根強く、女性は高収入の仕事に就きにくい現実があります。専業主婦や収入の低い主婦のいる家庭を優遇する施策もあり（所得税の配偶者控除や社会保険の第3号被保険者等）、女性が男性と対等な条件で働けない現実があるため、専業主婦の方がましという消極的選択となっている側面もあります。

専業主婦という個人の選択を否定してはいけませんが、その背景にある日本社会の男女差別の構造を認識する必要があるでしょう。

Q7 男性が家事・育児に参加できるような働き方になっているのでしょうか？

女性差別をなくすためには男性の伝統的役割を変更する必要があることは、1979年の女性差別撤廃条約から宣言されていることです。

男性が育児・家事に参加できるようになるためには、長時間労働の制限、転勤の制限、育児休業や子の看護休暇など、仕事と家族生活との両立を可能にする制度が必要です。

これらはすべて、法律上は一部ではあるものの権利として保障されています。例えば、1日の労働時間は最長8時間、1週では40時間までとなっています（労働基準法32条）。育児・介護休業法では、転勤の際、子の養育や家族の介護の状況について配慮する義務が定められています（26条）。育児・介護休業法は、数度にわたって改正され、①短時間勤務制度、②所定外労働の免除、

③子の看護休暇、④父母がともに育児休業を取得する場合の育児休業の延長など、子どもを育てながら働き続けられる仕組みは拡充されてきています。

　問題は、これらの権利をきちんと行使できているか、です。36協定（労働基準法36条に基づく労使協定）がなければ1日8時間を超えて働かされた場合、原則として違法であるにもかかわらず、現在、日本の労働者の労働時間に対する意識が低いまま職場で36協定が結ばれていることなどが問題です。長時間労働は、ジェンダー平等という点からも問題ですが、長時間労働によって健康を損なっている人も多くいます。長時間労働をなくすために、労働組合がとりくみをさらにすすめることが必要です。

　また、有期契約になっているため、契約の更新についての不安から権利行使がしにくい立場の人も多くいます。有期契約に対する規制の強化・とりくみの強化も求められます。

Q8　非正規労働とは何ですか？　ジェンダーとかかわりがありますか？

・・・

　「非正規労働」とは、正規雇用の以下の3つの条件、フルタイム、期間の定めなし、直接雇用のうちどれかを満たさない労働契約を言います。「非正規」という言葉をこの国から一掃します、という安倍首相の発言がありましたが、「非正規」という言葉をなくすことに意味はありません。非正規雇用のうち、パートタイム労働は必ずしも不利な労働形態ではありません。ところが、日本の場合、多くのパートタイム労働が有期契約（期間の定めがある契約）となっており、常時ある仕事をしているのに契約期間を短く刻まれ、期間満了の都度、使用者に更新するか雇い止めをするかの決定権を握られるので、有期雇用労働者は、権利行使がしにくい弱い立場になります。

　直接雇用でない派遣などで働く人たちも、雇用主と労働の提供先とが異なり、雇用主は顧客である派遣先等に人材を売り込む構造ゆえに派遣先に対してものが言えないため、労働者としての権利行使がしにくい立場となりがちです。女性労働者の過半数が非正規労働者であるため、非正規労働の問題は、主として女性労働の問題でもあります。

　日本経済の高度成長期、「日本型雇用慣行」として、大企業では①定年までの終身雇用、②年功型賃金・人事管理、③企業別労働組合が広がりました。1つの企業に長く勤める男性労働者を念頭に、企業別組合は労働者と家族の生活給を要求し、その代わりに滅私奉公型の労働（長時間労働・無制限の転勤）を提供することを当然としました。また、世帯単位の税制・社会保険制度（配偶者控除、第3号被保険者制度）もあり、女性は夫に扶養されるから生活給（労働者とその扶養家族の生活費を基準に算定される賃金）を得る必要はないと考えられて、既婚女性は主婦または低賃金労働へ誘導されたのです。1979年に国連で女性差別撤廃条約ができた頃にも、日本の女性労働者の賃金は男性の約半分と言われていましたが、現状でも、パート労働者を含めれば、女性と男性との賃金差はあまり変わっていません。1985年に男女雇用機会均等法と労働者派遣法が成立し、女性の職場進出がうたわれましたが、均等法の指針で「パート（女子のみ）募集」は女性の雇用機会の拡大になるから違法ではないとされました。女性は非正規雇用に誘導され続け、女性が低賃金で

あっても、社会問題として大きく取り上げられることはありませんでした。

　しかし、労働者派遣法が数次にわたって改正され、製造業派遣も解禁され、男性にも非正規労働が増えた結果、「ワーキングプア」「年越し派遣村」（2009年）などとして社会問題となったのです。非正規労働者に対する均等待遇・同一価値労働同一賃金の問題は、働く女性が繰り返し裁判に訴えるなどして是正を求めて問題提起をしてきました。法制度も少しずつすすんできています。

　仕事の価値をジェンダー・バイアスを除いて正当に評価する職務評価によって賃金差別を是正することや、労働者としての権利行使をしにくくする有期雇用を制限すること、偏った税制・社会保険制度を改正していくこと等により、ジェンダー平等な社会に近づける必要があります。

Q9 男女差別は法律で禁止されていますか？　男女差別は今もあるのでしょうか？

　日本国憲法14条1項で、国民は「法の下に平等」であることが保障され、性別により差別することが禁止されています。ところが、日本の裁判所は、この憲法の規定を公権力による差別を禁止する規定と解釈しており、民間企業は公権力ではなく私人であって、私人には営業の自由があることから、民間企業の人事・労務政策で男女を別に取り扱うことは憲法違反ではないと判断していました。そのため、1947年制定の労働基準法4条で、賃金の男女差別は禁止されていたにもかかわらず、民間企業では「4年制大学卒の女子は採らない」「女子学生は自宅通勤者に限る」などと公言することも1985年までは違法ではありませんでした。

　1985年、日本は女性差別撤廃条約を批准して男女雇用機会均等法を制定し、それ以降は、民間企業における男女差別を規制するようになり、その後、数次にわたる法改正で、民間企業における労働の場面でも、性別による差別はすべて違法とされるに至りました。しかし、日本では、女性は決断力に劣るというような女性に対する偏見や、女性には育児・家事を主に担当してもらう必要があるといった性別役割分業意識が根強い上に、税制・社会保障における専業主婦家庭優遇政策もあいまって、いまだに女性の平均賃金は男性と比べて著しく低くなっています。女性は、一般に昇進・昇格が男性より遅く、重要な意思決定の場から排除されやすく、女性の半数以上が非正規雇用に従事しているなど、日本の労働における男女差別は著しいものがあります。

　国連の女性差別撤廃委員会は、女性のみの再婚禁止期間、結婚の際の夫婦同姓の強制（選択的夫婦別姓制度の否定）が女性に対する差別であるとして、繰り返し法改正を勧告しています。

Q10 夫婦別姓についてどう教えたらいいですか？

　現在の民法では、夫婦は夫又は妻の姓を称するとされ、法律上の夫婦は必ず同じ姓（名字）を名のらなければなりません。

しかし、氏名には個人を特定・識別する機能があり、氏名は個人として尊重される基礎となる、人格の象徴です。名前への愛着は強く、また姓が変わった場合に様々な不便や支障が生じることから、結婚しても姓を変えたくないと考える人も少なくありません。民法は「夫又は妻」の姓を名乗るという規定であって、夫の姓を名乗ると命じてはおらず、形式的な男女差別の規定にはなっていないものの、結婚する女性の96％が夫の姓に変えていることから、実際のところ改姓による喪失感や不便を味わっているのは女性であり、性差別的な機能も有しています。

結婚の際に改姓したくないと考える人たちが求めているのが選択的夫婦別姓制度であり、夫婦同姓を強制せず、姓を変えたくない人が結婚時に引き続き結婚前の姓を名乗り続けることを認める制度です。夫婦別姓に反対する意見には、別姓だと家族であるかどうかがわかりにくく家族の一体感が薄れる、子どもが混乱する等の理由が挙げられることがよくあります。

しかし、夫婦同姓を強制する国は日本以外に特定されていません。夫婦が別姓であっても家族の一体感が低いとは言えませんし、別姓の夫婦の子どもが親と姓が違うことで混乱させられているとは言えません。国連の女性差別撤廃委員会においても、日本の夫婦同姓の強制は女性差別であるとして繰り返し改善の勧告が出されています。

夫婦の平等と結婚の自由を考慮するならば、選択的夫婦別姓制度の導入は急務といえるでしょう。

⑤ 性の教育

Q11 性教育で大事なことは？

· ·

性教育は、「性」について教えるものと狭くとらえられがちですが、実際には、性の理解を通して、子どもが自分自身を知り、他者との違いを受け入れながら、よりよい人生や人間関係を築いていくための学習です。これは性教育に限りません。どんな教科でも「漢字を覚えればよい」「計算ができればいい」ということではなく、そうした知識や理解をどう生活に役立てていくかが大切でしょう。性について学び、考えることで、人間の性がもたらす心身の変化や成長、性的な健康、社会的な役割や人間関係といった発達上の課題にとりくみやすくなります。

性は非常に多様であり、「こうあるべき」というものではありません。生物学的にみても、ヒトや動物は「男（オス）／女（メス）」に二分されるものではなく、そのバリエーションが生物としての強みになっています。性にまつわる社会的な期待や役割は、時代や文化によって変化します。性愛や恋愛、性行動や親密な関係性のありようは、一人として同じではありません。

性は多面的で変動的なものだからこそ、子ども自身が十分な知識をもって、自分の行動や人生を選択し、健康と安全を守れるようになることが求められます。性教育は、子どもが自己自身を受容し、他者を尊重し、対等な関係性を築いていくための知識やスキルを身につけるための学習です。性を特別なものと捉えず、生きるうえであたりまえのものであり、日常生活のなかで扱うべき事象

であると考えれば、性教育の授業時間に限らず、いつでも子どもたちと話し合える題材であるといえるでしょう。

　学校教育においては、子どもたちが様々な家族背景をもつことを念頭に置いておく必要があります。とりわけ性教育では、自分の出生に関するテーマを扱い、性に対するルールや価値観を学ぶため、子どもたちが疎外感や混乱を感じないよう配慮することが求められます。教職員が「家族とはこういうもの」と決めつけず、いろいろな家族形態や生活のありようがあることを前提にする必要があります。血縁にもとづかないパートナーシップやステップファミリー、里親に育てられている子どもは少なくありませんし、児童福祉施設等で生活する子どもたちもいます。異なる文化や国籍、信仰をもつ家庭もあります。

　また、性教育は、家庭と学校、地域といった子どもをとりまくあらゆる環境でなされるものです。子どもが幼いうちには、子どもの健康や安全を守るのは保護者の役割です。排泄や入浴の仕方を教えたり、基本的な社会の規則やマナーを身につけさせたりするのは、生活の基盤となる家庭での教育といえます。子育てをする保護者を支え、家庭での教育が不十分な子どもたちをケアするのは、学校の役割です。学校ではさらに、体の仕組みや機能、人間関係、人権をベースとする社会の様々な課題等について学ぶ機会を提供します。学校全体で性教育にとりくむことで、子どもたちは系統的で包括的な学習をすることができます。家庭や学校では十分に対応できないことや特別なニーズに対しては、地域資源を活用します。学習の目標によって、学級や学年全体など集団で学ぶ課題と、別途個別で教える課題を整理するとよいでしょう。

Q12　思春期の性教育は、どのようなことに留意すべきですか？

　思春期に生じる心身の急激な変化により、子ども自身も戸惑いを感じることがあります。ホルモンの変化による情緒的な不安定さや性衝動の高まりに振り回されたり、身体的な成長や変化を他者と比べて心配したり、焦ったりすることもあります。親子関係が中心だった児童期から、友人関係が重要となる思春期に移行することで、対人関係の広がりや深まりがみられる一方で、友人関係でのトラブルや葛藤なども増えていきます。恋愛関係や性的関係も開始され、親密さを体験すると同時に、相手への尊重や責任ある態度が期待されるようになります。

　このように、思春期に生じる二次性徴は、体の変化だけでなく、心理的な変化や対人関係の変化を伴い、子どもが成長して自立していくための重要な局面であるといえます。そのため、体の変化だけを教えるのではなく、子どもの不安や葛藤に対する支援的な性教育が求められます。つまり、体の変化について生物学的な知識を教えるだけでなく、その変化を受け入れ、情動や衝動をコントロールする方法を学び、安全で健全な対人関係を築くためのスキルを教えることが大切です。悩み、孤立しやすい思春期だからこそ、自分で考えたり、他者に助けを求めたりする力を育むことが必要です。

　また、子どもたちが思春期を肯定的に迎えられるようにするためには、早い時期から性教育を行

うことが役立ちます。とくに、何らかの障害のある子どもは、二次性徴などの突然の変化が混乱を引き起こすことがあります。学校全体で系統的な性教育の授業計画を立てて、思春期を迎える準備をしていきましょう。

Q13 性器の名前を教えることに抵抗感をもつ保護者や同僚がいるのですが…。

　性器の名前を知ったり、生殖の仕組みについて学んだりすることで、子どもにどのような「有害」な影響が及ぶ可能性があるのでしょうか。性に関する知識をもつと、性に対して過度な好奇心を抱いたり、興味から性行動が早まったりすることを懸念する人がいるかもしれません。ですが、子どもは知らないからこそ、自分でインターネット等にアクセスして、不正確な情報を信じ込んだり、リスクを知らずに性行動をとったりしてしまうのです。

　手軽にアクセスできるインターネット上には、不正確な性情報や暴力的な性刺激があふれています。子ども同士の噂やマスメディアの扇情的な情報からプレッシャーを感じて、性行動を急いでしまうこともあるでしょう。不正確な性情報に触れる前に、子どもたちが正しい知識を学び、メディアリテラシーの力を育てることで、性的な自己決定や責任ある性行動がとれるようになることが望まれます。知識とスキルを学ぶだけでなく、それらを活かそうとする自己肯定感や自己効力感が備わってこそ、自分と相手を大切にすることができ、よりよい行動をとろうとする動機が高まります。そうなれば、リスクを伴う性行動はむしろ抑制され、子どもはより慎重な行動をとるようになります。

　私たちの体は、性器だけ「別物」ではありません。自分の体の名前や機能を知ることは、体を大切にして、健康を守るうえで欠かせません。どんな幼い子どもでも「お腹が痛い」と言って、大人に不調を知らせます。「目に何か入ったみたい」と違和感を訴えることで、必要なケアが受けられます。同じように、自分の性器に何があったか、どんなふうであるかを説明できることで、性的虐待や性被害を打ち明けたり、病気に早く気づいたりすることができます。性犯罪から子どもを守るためにも、性器の名前や「性行動のルール」(注)について教えることが大切です。

　性教育に対して抵抗感をもつ保護者や同僚に対しては、どのようなことを懸念しているのか、気がかりな点を聴いてみましょう。性教育の内容をよく知らずに誤解していることもあります。家庭や学級でのフォローや対応の仕方がわからず不安なのかもしれません。保護者や教職員自身が、性について否定的なイメージや価値観をもっている場合もあります。まずは、相手の気持ちや考えをよく聴いてから、性教育の目的やすすめ方を説明します。信頼関係を築きながら、子どもの健康や安全のために、家庭と学校が一緒にとりくんでいこうという方向性を共有することが大切です。

(注)　性行動のルール：他者のプライベートパーツを見たり触ったりしてはいけない、自分のプライベートパーツを見せたり触らせたりしてはいけない、性的な言葉や行動で他者を不快にさせてはいけない。13歳以上の子ども同士では、同意のない性的言動は性暴力になる（野坂祐子・浅野恭子『マイ　ステップ：性被害を受けた子どもと支援者のための心理教育』［誠信書房、2016年］参照）。

多様性を排除しない社会にむけて

学校のとりくみに対する反対意見やクレームなどの意思表示は、対話するためのチャンスになります。対立関係になったり、説得しようとしたりせずに、意見の相違を話し合うよい機会と捉えましょう。

Q14 性教育の授業で落ち着きをなくす子どもがいます。どのようなことに気をつけるべきですか？

本来、子どもは性や自分自身の体について好奇心をもち、性に限らず、知らないことを学ぶのを楽しむものです。性そのものは、危険なものではありません。子どもの発達や年齢に合せた性情報であれば、子どもを傷つけることはなく、むしろ疑問が解けたり、不安が和らいだりして、子どもはより安心できるはずです。

もし、性について学ぶことで落ち着きをなくす様子がみられるなら、性教育を受けるまえに、その子どもが体験したことが影響しているかもしれません。性について否定的なイメージをもつような体験をしていれば、性教育によってそれを思い出し、困惑や嫌悪感、恐怖などを感じることがあります。「性は恥ずかしいもの、汚らわしいもの」「性的な関心や欲求はあってはならないもの」など、性をタブー視する文化や価値観のなかで育つと、子どもは初めて性を学んだときに戸惑いを感じるかもしれません。あるいは、性的虐待や性被害を経験した子どもは、どんな内容であれ、性にまつわる話に触れると気分が悪くなるといったトラウマ反応を示すことがあります。ポルノや性的動画など、年齢不相応な性刺激にさらされることも、子どもにとってはショックや混乱をもたらす性被害体験といえます。

性教育が子どもを傷つけているわけではありません。子どもの反応には、その子どもが育ってきた環境が影響しているのであり、過去の混乱や苦痛がケアされていないことが問題なのです。性教育のときに不調や反応を示す子どもにこそ、性についての教育やケアをしていく必要があります。

事前に、性的虐待や性被害を受けた子どもの状況が把握されているならば、性教育を行う際に必要な配慮について検討します。あらかじめ、性教育で扱う内容を子どもと保護者に伝えて、不安や抵抗感を和らげることもできます。授業中に不安になったときの対処として、呼吸法などのリラクゼーションスキルを教えたり、保健室で休みたいときのサインを決めておいたりすると、子どもは安心して授業に参加できるかもしれません。

性教育の授業のなかで、子どもが落ち着かない、騒ぐ、寝てしまうといった気になる行動がみられたときには、個別に話を聴いてみましょう。多かれ少なかれ、思春期の子どもが性教育の授業ではしゃいだり、緊張したりすることはめずらしいことではありませんが、なかには、性的虐待や性被害の経験があったり、あるいはセクシュアリティに関する悩みをかかえていたりして、授業の内容を苦痛に感じている場合もあります。ことさらに騒ぎ立てるのも、不安や緊張の表れかもしれません。「興味がないのだろう」とか「授業妨害」などと決めつけずに、「どうしたの？」と気にかけることで、子どもへの支援のきっかけをつくることができます。

子どもの安心と安全のために必要な教育や支援を考えていきましょう。

⑤ 性の多様性

Q15 女性・男性の体のしくみを教えるとき、留意することは何ですか？

・・

　典型的な体の性差を教えたときに、そもそも「典型例」にあてはまる子どものほうが少ないことを念頭においておきましょう。筋肉質な女子もいれば、脂肪が多く乳房の目立つ男子もいます。体毛が生える時期や程度もさまざまです。つまり、性の学習においては、性というのは個人差が大きく、一般的な特徴はあるものの、だれもが異なっているのが自然であることを強調する必要があります。そうした配慮は、性的マイノリティの子どもに限らず、すべての子どもに対してなされるべきことです。

　二次性徴について説明する際も、生殖を前提とするのは、個人の生き方に合うとは限りませんし、現在の社会の実態に即したものでもありません。近年、不妊は男女ともにみられる問題となっています。

　性教育において「体のしくみ」を扱うときは、単に性器の名称や機能を教えるのではなく、子どもたちが性や生殖にまつわる社会の問題にも目をむけられるようになることが望まれます。

⑤ 性暴力・関係性等

Q16 性暴力被害をうちあけられたとき、どう対応すればいいですか？

・・

　子どもから性暴力被害を打ち明けられたら、まずは教員自身が落ち着いて、子どもの話を聴く姿勢を示すことが大切です。「何をしたらよいだろう」と動転して焦ったり、「本当だろうか？」と真偽のほどを確かめたくなったりするかもしれませんが、まずは子どものペースで話してもらい、しっかり聴くことを心がけましょう。性被害を受けた子どもは、加害者から口止めをされていることも多く、「言ったらどうなるだろう」と不安に感じていたり、抵抗できなかったことを「怒られるかもしれない」と恐れていたりするものです。勇気をもって話してくれた子どもに対して、「よく話してくれたね」と伝えるのもよいでしょう。

　子どもの話は、過去のつらいできごとを聴いてほしいというものから、今まさに家庭で性的虐待を受けているというものまで、様々です。子どもの安全を第一に考え、緊急性やリスクが高い状況であれば、「あなたの安全を守るために、ほかの先生や専門の人にも伝えて、みんなで対応するからね」と伝えて、養護教諭や管理職と情報を共有し、必要に応じて児童相談所等に通告をします。「誰にも言わないで」という子どもに対しては、子どもが何を不安に感じているのかを聴きながら、保

多様性を排除しない社会にむけて　27

護やケアの必要性について説明します。教員が親身に話を聴き、自分の味方になってくれると感じられると、子どもも少しずつ安心していくはずです。その後のケアは、関係者と話し合いながら長期的にとりくんでいきます（「性犯罪・性暴力被害者のためのワンストップ支援センター」参照）。

　性暴力は、子どもを混乱させ、傷つけるものです。「何が起きたのかわからない」と感じた幼少期の被害体験が、思春期を迎えてから影響することも少なくありません。こうした被害の深刻さに対して、性暴力はしばしば誤解が伴ったり、軽んじられたりすることがあります。「被害者も嫌がっていなかった」とか「本当に嫌なら抵抗できたはずで、お互いに望んでいたのだろう」というように、性暴力ではなく同意にもとづく性行為であるとみなしたり、「よく知らない相手についていく方が悪い」「短いスカートをはいているのは『触ってくれ』と言っているようなもの」などと被害者に落ち度があるとして責めたりすることもあります。こうした誤解や偏見は、被害者にとって二次被害にほかなりません。

　性暴力とは、本人の意に反する性的な言動をいいます。本人が「嫌」だと感じている場合はもちろんのこと、はっきりと拒否をしていなくても、同意が得られていないのであれば、性暴力とみなされます。例えば、被害者が気づいていなくても盗撮は性暴力ですし、性行為について十分な理解ができていない子どもであれば、たとえ年長者の誘いに「いいよ」と応じたとしても、同意は成り立ちません。刑法でも、13歳未満の子どもには性的同意能力がないと考えられており、暴行や脅迫がなくとも違法行為とみなされます。性暴力は女子だけでなく、男子にも起こりますが、男子の性被害については、さらに打ち明けにくいものです（「男子・男性もセクハラ被害に遭う？」参照）。

　まずは、教員自身が性暴力について理解するとともに、子どもたちへの教育のなかでも、性暴力を通常の性行為のように捉えたり、被害者を「キズモノ（恥）」とみなすようなスティグマをもたらす社会の文化や価値観を問い直してみる必要があるでしょう。「嫌がる被害者も、最後には性的な満足を得る」といったポルノに描かれる虚構について、現実とは異なることに気づくためのメディアリテラシーの教育も求められます。こうした学習は、二次被害を予防するだけでなく、子ども自身が性虐待や性暴力を受けたことに気づくためにも役立ちます。子どもが「この先生になら、打ち明けてみよう」と思えるのは、教員の立場や経験ではなく、性暴力を正しく理解し、被害者の立場に寄り添う普段の姿からなのです。

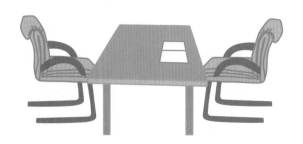

「性犯罪・性暴力被害者のためのワンストップ支援センター」

　「SNS で連絡して男性に会ったらレイプされる」「JK ビジネスに誘われ、ついていって性暴力に遭う」「リベンジポルノで元カレに脅される」「友人に裸の写真を送るように脅迫される」など、中学生、高校生などが性暴力にあう事件が多発しています。妊娠や性感染症の心配も出てくるので、周囲の大人の適切な冷静な対応が求められます。もし被害がわかったら、性犯罪・性暴力被害者のためのワンストップ支援センター（資料 P78 ～ P80）などの専門機関や警察、児童相談所などに相談することが大事です。

　ワンストップ支援センターは、性犯罪・性暴力被害者に対し、被害直後から医師による心身の治療、相談・カウンセリング等の心理的支援、捜査関連の支援、法的支援などの総合的な支援を可能な限り一か所で提供することにより、被害者の心身の負担を軽減し、その健康の回復をはかるとともに、被害の潜在化を防止すること等を目的として設置されたものです。

　また、性犯罪についての刑法が 2017 年に改正され、全ての性犯罪が被害者の告訴がなくても、起訴できるようになりました。性暴力の名称も変わり、法定刑も厳罰化されましたが、まだまだ性暴力被害者を救済する法律として十分ではありません。

「男子・男性もセクハラ被害に遭う？」

　セクシュアル・ハラスメント（セクハラ）と言えば、男性から女性へ行われるものというイメージが強いため、男性のセクハラ被害など想像できないという人もいるかもしれません。しかし、実際には多くの男性がセクハラ被害に遭っています。男性が女性から被害を受けることもありますが、それと比べものにならないくらい多いのが、男性から男性への性暴力やセクハラです。

　学齢期の男子であれば、性器をはじめとする体のことでからかわれたり、性器を掴まれたり蹴られたり、トイレを覗かれたり。成人男性になると、上司や先輩から不快な下ネタを延々と聞かされたり、性的なプライバシーを根掘り葉掘り尋ねられたり、風俗店に無理やり誘われたり、飲み会の席で服を脱ぐことを強要されたり。こうしたことを経験したり、見たり聞いたりした人は少なくないでしょう。

　もしこれらが男性から女性に行われていたら、それがセクハラであることを誰も疑わないでしょうし、そうしたことが学校で起こっていることが発覚すれば、ほとんどの教職員は放っておかないでしょう。ところが、これらが男同士の間で行われた場合には、単なる「悪ふざけ」や「からかい」として済まされてしまいがちです。被害に遭って不快な思いをしても、そうしたことに目くじらを立てていると「男らしくない」と思われることを恐れて、ただ笑って我慢するしかない場合もあるでしょう。こうした環境が「男にとっては当たり前」として野放しにされてきたことで、人権感覚が麻痺してしまい、被害に遭っても自分の人権が侵害されていることを自覚できなかったり、加害行為をしても相手の人権を侵害していると意識できなくなったりしている男性が少なくないのではないでしょうか。

　相手の身体の自由を奪ったり、性的なプライバシーを勝手に侵したり、相手を性的に辱めたりすることは、男女間であろうが同性間であろうが、明らかに性暴力またはハラスメント（嫌がらせ）であり人権侵害です。男性はもっとそのことに自覚的になる必要があるでしょうし、そうしたことが子どもたちの間で起こっていたら、教職員は見逃さず毅然とした態度で指導をすべきでしょう。男性が自らのハラスメント被害に敏感になることは、単に男性が被害に遭うことの防止につながるだけでなく、被害者への共感能力を高めることで、対女性も含めた加害行為の防止にもつながるはずです。そして、性別にかかわらず皆が協力し合っていじめやハラスメントをなくしていくための機運を高めてくれるに違いありません。

多様性を排除しない社会にむけて

Q17 ネットからの悪影響が気になります。

　子どもが使用するインターネットやスマートフォンには、トラブルや犯罪被害の予防の観点からも閲覧制限機能が欠かせませんが、たとえ対策を講じたとしても、性情報を完全に制限することはできません。ネット上の性的な動画や情報は、刺激や興奮をもたらすことを目的としたものであり、子どもの発達や関心を考慮したものではありません。現実離れしたファンタジーであるだけでなく、暴力的・差別的な内容のものも少なくありません。

　こうしたネット上の情報の特徴は、性的な情報に限りません。あらゆる宣伝や口コミ、映画等の作品等も「事実」とは異なるがゆえに、それを見定めたり、「作品」として楽しんだりするスキルが求められます。ネット上の情報だけでなく、マスメディアの報道も含めて、どのような目的で作られたものかを理解して、活用するためのメディアリテラシーの教育が必要です。

　テレビや映画などは、子どもが小さいうちは大人が一緒に視聴しながら、「こんな事件があるんだね」「これは映画だから、こわがらなくて大丈夫」など、子どもと会話が生まれます。番組の感想を言い合ったり、テレビばかり見ているようなら「もうおしまい」などと大人が時間を制限したりすることもできます。一方、パソコンやスマートフォンの情報は、一人で、あるいは子どもたちだけで見ていることが少なくなく、視聴時間も長くなりがちです。子どもがどんな情報を見ているのか、大人が把握できていないこともあります。

　学校では、ネットやスマートフォンの使用など、子どもと家族の生活状況を考慮しながら、メディアリテラシーを学習する機会を設けましょう。刺激の強い性情報をみて、ショックを受けたり、気分が悪くなったりする子どももいます。家庭でも適切な制限を行い、子どもの発達に即したルールを決められるように、保護者への啓発や教育も求められます。

memo

実践事例・コラム一覧

	テーマ	校種	教科など	タイトル
1	意識・慣習	小	道徳	**仕事について考えよう** 職業における性別分離について考える授業
2	労働・家族	中	国語 総合	**「母の仕事」と向き合う** 身近な人の「仕事」と「くらし」を取材して綴ろう
3	労働・家族	中	総合	**「働く」前に知っておいてほしい「大切なこと」** 「労働法」について知ろう
4	性の教育	小	道徳	**性の多様性について知ろう** 『わたしはあかねこ』を題材にして
5	性の教育 家族	小	道徳 総合	**人を好きになるということ** 多様な家族を理解する『タンタンタンゴの授業参観』
6	性の教育	高	公民科	**高校における LGBT に関する授業実践** ― 公民科の観点から
7	性の教育 人権教育	中	特別活動	**差別を見抜き、ともにつながり、生きていく力を育てる** ― 生徒会・学校行事の中でのとりくみ ―
8		コラム		**保健室から伝えたい　今学校で求められていること**
9				**リプロダクティブ・ヘルス／ライツ（性と生殖における健康と権利）について知ろう**

内　容
多様性社会を自分らしく生きる子どもを育てる。職業における性別分離について考える。
よりくらしやすい社会に変えていくために現状を知る。働き方について考える。
ロールプレイやクイズなどをとりいれ、「労働法」について知る。
絵本教材をもとに、性の多様性について考える。発達段階に応じて深める。
絵本教材の続きを考える実践を通して、家族について考える。
公民科の観点から性の多様性について考える。
人権感覚を育む生徒会活動・学校行事のとりくみ

memo

実践事例 1

仕事について考えよう
職業における性別分離について考える授業

テーマ
意識・慣習

校種 小

教科 道徳

1．はじめに

　A（男児）は男女の区別なく、協力して活動したり、仲良く遊んだりしている。普段は男だから○○、女だから○○という偏見をもたず、誰に対しても隔たりなく学校生活を送っている。ところが、友だちのお手伝いスピーチを聞いた際、料理を手伝っている男子の話に、「へえ、男の子だけど料理のお手伝いをするんだ」と、驚いた様子が見られた。料理は女子、風呂掃除などの力仕事は男子といった偏った見方をしていることが分かった。

　現在ある職業のうち、「女性でなければ」とか、「男性でなければ」という職業はほとんどない。Aの将来の夢は「パン職人」になることであり、料理は女性がするものという偏った見方をせずに、自分の夢である「パン職人」になるという思いを大切にしていってほしいと考えた。性別によって仕事などを決め付けるのではなく、自分の思いや願いをもって自分らしく職業を選び、ほこりをもって生きる姿を尊重する気持ちを育んでいきたいと考え、本学習を行った。

2．使用した資料
（男性保育士の手記）

　資料名「保育士になりたい」（上越市立東本町小学校『愛・いのち第3集』2014年3月、P89）

　私は、小学生のころから保育士になるのが夢でした。母が保育士をしていて、保育園での様子を楽しそうに話す姿を見ていたからかもしれません。
～一部省略～
　でも、私は、自分の夢を友達に話すことができませんでした。「将来は大工になりたい。」「電車の運転士かな。」「消防士になりたい。」と話す友達に、「保育士になりたい。」と言い出せなかったのです。「女の人の仕事でしょ。」と言われるのではないかと怖かったのです。
　親にも、なかなか言い出せないまま高校3年生になりました。どうしても進路を決めなければなりません。私は、自分の気持ちを両親に話しました。予想通り、父も母も反対でした。父は、「人とかかわる仕事をしたいのならほかにもあるだろう。保育士は女性ばかりだぞ。男なのにどうして保育士なのか。」と言いました。保育士の母も、「女性ばかりの所で、やっていけるか心配だわ。年をとってもやっていけるか考えて。」と言いました。私は、自分の気持ちを一生懸命話しました。でも分かってもらえませんでした。話合いは何日も続き、「3年間学びながらよく考えるように。」と、専門学校への進学だけは許してもらいました。
　専門学校では、保育士や介護士になるための勉強をしました。でも、「保育士になりたい。」という気持ちは変わりませんでした。私は、保育士になるための試験を受け、夢がかなってとうとう（中略）保育園に勤めることになったのです。女性ばかりの保育園で、男性は私一人。不安でいっぱいでしたが、私の心の中は、夢がかなって子どもたちと活動できることへの喜びでいっぱいでした。子どもたちの顔を見ていると、「一生懸命がんばるぞ。」という気持ちが心の底からわいてきました。仕事を覚えようと、無我夢中の毎日でした。職場の先輩方も「こんなふうにしたら。」いろいろ親切に教えてくださり、「頑張っているね。」と励ましてくださいました。
　初めて勤めた保育園での出来事です。ある日、私が担任している子どものお母さんが保育園に来られました。私が「こんにちは。」と声をかけると、そのお母さんは「こんにちは。」とあいさつして、目の前を通り過ぎ、隣のクラスの女の先生のところに行きました。そして、「先生、うちの子のことなんですが…」と相談を始めたのです。そしてひそひそ声で、「女の先生の方が安心だわ。」と言ったの

です。私はショックでその場を離れました。

　また、こんなこともありました。園庭で子どもと全力で走って遊んでいるとき でした。「男の先生って、体を動かしてする遊びばかりよね …」とつぶやきなが ら、私の方を見たのです。私も、室内では絵本の読み聞かせをしたりお絵かきを したりします。男だからって、体を動かしているばかりではありません。「どうし て男だからって決め付けるのだろう。」私は悔しくてたまりませんでした。

　それからも、私は、保育士の仕事を続けてきました。子どもたちが、いろいろ な経験を重ね成長できるようにと願いながら、精一杯仕事をしてきました。おう ちの方も、子どものことで私に相談に来られます。保育士になることを反対して いた両親も、「子どもと一緒に成長しているね。女の仕事と決め付けるのは間違い だったね。」と応援してくれています。私は、毎日子どもたちと会うのが楽しみで たまりません。

　男の仕事・女の仕事と決め付けるのではなく、自分らしく生きることが大切な んだ、と私は思います。保育士は、子どもの成長をおうちの方と一緒に喜べる素 晴らしい仕事です。

3．学習の展開

　ねらい　性別によって仕事を決めつける偏った見方にとらわれず、自分の思いや願い をもって自分らしく生きることを尊重する気持ちを高める。

学習内容	◎発問・予想される 児童の反応	○指導上の留意点
1．どんな仕事がある か考える。 （前時）	◎みんなのまわりにある 職業や知っている職業 をあげてみましょう。	○性別に固定的なイメー ジのある職業について、 子どもから出なければ 出す。
2．自分の見方、考え 方の確認	◎いろいろな職業を「男 性・女性・どちらでも」 という視点で分けてみ ましょう。 ・大工さんは力仕事だ から、男性かな？ ・看護師さんは優しそ うなので、女性かな？ ・コックさんは、両性 かな？ （資料の前半を読む）	○後に出てくる、職業に 対する偏った見方と自 分の考えとを比較する ために、ホワイトボー ドに考えを記しておく。
3．差別的な言動への 憤り 差別される「私」の 気持ちへの共感	◎お話を聞いて、どんな ことを考えましたか。 ：保育士さんになる夢 をかなえてほしい。 ：「男なのに」と言われ て悲しいだろう。 ：「女の先生の方が」と いう考えはちがう。 ：一生懸命に仕事をし ているのに、「男だか ら」と決めつけをさ れて悲しいと思う。 （資料の後半を読む）	○資料前半を読み、「私」 が受けた差別的な言動 に対する憤りの気持ち を高める。

実践事例 1

仕事について考えよう
職業における性別分離について考える授業

テーマ
意識・慣習

校種
小

教科
道徳

差別に立ち向かう態度や気持ち	◎「私」のことをどう思いますか？ ・悲しいことがあってもあきらめずに仕事を続けていてすごい。 ・親から認めてもらえてうれしいだろう。 ・一生懸命に仕事をして、周りの人にその気持ちが届いたと思う。	○差別に負けず、誠実に努力することで、周囲の理解を得た「私」の気持ちに寄り添う。
自分らしく生きることの大切さ	◎最初に分けた仕事をもう一度見直しましょう。 ・ほとんどの仕事が、どちらでもなれるということが分かった。 ・「パン職人」も男女どちらともがなれるからうれしい。 ・誰でもなれる職業が多くてよかった。	○男女で分けていたホワイトボードを見直し、仕事には男女の隔たりがないことに気付く。
今までの自分とこれからの自分	◎今日の学習で大切だと思ったことや、これからの自分について考えましょう。 ・「男だから・女だから」という理由で仕事を決め付けるのは間違っている。 ・自分の好きなことを仕事にして、一生懸命に働いていきたい。	○決め付けをせず、自分らしく生きることの大切さを実感できるようにする。

4．児童の様子

　実際にホワイトボード上に職業カードを並べてみたところ、「大工さんやバスの運転手といった仕事は男性の仕事だな」「女性の職業と決まっている仕事はないだろう」と考えながらカードを分ける姿が見られた。「どちらとも言えないかな？」と迷う姿も見られた。実際に保育士の資料を読んだ後、迷いなく「どちらとも」の欄にカードを張り替えていた。

　しかし、実際のところ、力士は依然として男性のみであるため、最後まで「男性」から動かすことはできなかったが、「洋服を着てもいいことにすればいいんじゃないかな？」と子どもらしい素

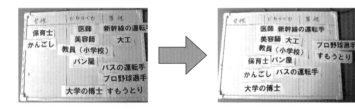

直な答えが返ってきた。柔軟な考え方によって少しずつ現状が変わっていくことも期待したい。

　学習を通して、一人ひとりが考えていることは違い、その違いを認め合って生きてい

くことの大切さ、自分らしく生きることの喜びを感じた A。「働くことに男も女もない よね」「自分の夢だった仕事を、男の人も女の人も同じように働いていくことが大切だ よね」と職業における性別の区別はほとんどないと知ることができた。

5. 終わりに

　保護者世代、さらにはもっと高齢の世代は、教育によって、ジェンダー・バイアスを すりこまれた世代でもある。また、地域社会での性別による役割分担意識は、環境や習 慣によってもっと色濃く見えることもある。

　しかし、これからの社会を築いていく子どもたちが、自分たちにとって身近な社会で ある学校生活において、「知る・気付く・動く」ことで大人が当たり前としていること を払拭していけるのではないかと考える。性別にこだわらず生活できる社会にするため にも、「どうしてやりたいことをやろうとしてはいけないのか」「どうして決められてい るのか」「変えていってもいいのではないか」という考えを話し合い、自分たちから発 信できるような実践にしていかなければならないと考えた。

　学校に通うすべての児童が生きやすさを感じられるよう、学校施設や制度の問題（更 衣室・トイレ・制服・名簿・並び順‥‥）について、分けることの必要・不必要を、職 員間で率先して提案したいと考える。学校での一つひとつのとりくみが、将来の社会の 構造を変えていくものと信じて、「隠れたカリキュラム」におけるジェンダー・バイア スを無くしていきたい。

　児童はこれからますます多様化していく社会を生きていく。そうした社会の中で、自 分らしく生きていける姿をめざして、これからも学校でできることをこつこつと実践 し、積み重ねていきたい。

　本実践事例は、上越市立東本町小学校発行の『愛・いのち第3集』に収められている指導案を東本 町小学校に許諾を得て参考にし、他の学校の教員が実践し作成したものです。

Comment

　性別による偏った職業観を払拭させることは、性別役割分業を変え、ジェンダー 平等な社会にしていくための大きな一歩です。生活科や社会科、総合的な学習の時 間などを使い、様々な方法で学習する必要があります。また、現在は、ほとんど男 性（女性）しか就かない職業に就いて生き生きと働いている女性（男性）の写真や その写真が掲載されているカレンダーを見るだけでも子どもたちは自然と性別に偏 らない視点を身につけていくことができます。

　保育士については、男性の保育士も段々増えてきましたが、まだ女性の職業と思 われている所もあり、介護職と同様に賃金を低く抑えられてしまっている現実があ ります。自分が就きたい職業を選べる自由は法的に保障されているとはいえ、現実 には賃金・労働条件など改善されなければならない課題も多くあります。夢の実現 のための努力と現実にぶち当たる課題への問題解決方法を知ること（労働組合など の存在を知ることなど）も今後の学習課題としてとりくむ必要があります。

実践事例 2

「母の仕事」と向き合う
身近な人の「仕事」と「くらし」を取材して綴ろう

テーマ　労働・家族

校種　中

教科　国語総合

1. はじめに

　くらしの中のジェンダー・バイアスは、子どもたちにどんな影響をもたらしているのだろうか。また、子どもたちはそれをどう受け止めているのだろうか。換言すれば、性差別は目の前にいる一人ひとりの子どものくらしのどこにあるのか。それを取り出し、共有し、性差別をなくすためにできることを考える実践である。

　「くらしを見つめる」と題して、必要なことを取材して綴る（日記や作文）。題材の決め方、構成・取材・記述の仕方などを学びながらすすめる実践である。担任を中心に国語の他にも学活や総合、道徳などでとりくむことができる。

　綴った文には、くらしがそのまま表れる。特に労働における性差別の実態が綴られてくる。ダブルワークのお母さん。非正規の深夜労働を選ばざるを得ないお母さん。お父さんとほとんど同じ仕事をしていても賃金が安いお母さん。長時間労働で頑張るお父さん。リストラされたお父さん。実に様々な姿を見せる。このような綴りを1つまたは2つみんなで読むことから働き方や性差別についての学びがスタートする。

※この実践は、生活綴り方教育の考え方にもとづく教育法を用いている。子どもに、生活の中で起きたことについて日記やテーマ作文を書かせる。教員は、一人ひとりの文章に目を通し、チェックをいれる。そして、みんなに読ませたいと思う文章を、印刷して配布し、さらにその中から、いくつか選んでみんなの前で朗読させ、感想を出し合い、話し合いを行う。文章を書くという行為は、「認識」「思考」という行為であり、毎日、日記を書くことは、日々の生活を見つめなおすことである。

2. 使用した資料

資料1　『作文と教育』　百合出版　日本作文の会編
　　　『親のしごとと人権学習』1986年　解放出版社　奈良県同和教育研究会・大阪府同和教育研究協議会・大阪市同和教育研究協議会編
　　　『きずな（改訂版）』1997年　熊本県人権教育研究協議会編・発行

資料2　男性労働者の所定内給与額を100としたときの、女性労働者の所定内給与額の値
　　　・一般労働者のうち正社員・正職員　男性100　女性75.7（2017年度）
　　　・一般労働者　　　　　　　　　　　男性100　女性73.4（2017年度）
　　　（厚生労働省「第5回雇用環境・均等分科会資料」より連合作成：『2019連合白書』2018年12月発行）

資料3　「仕事の中断・再就職は生涯で6000万〜1億8000万円のソン！」

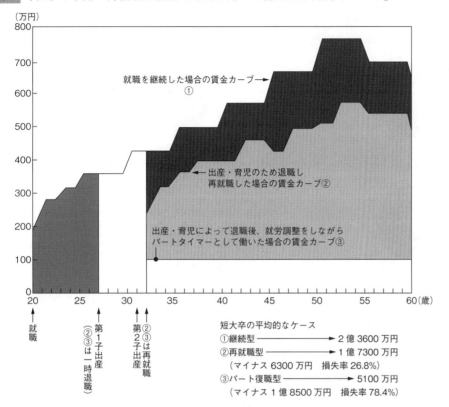

出典：竹信三恵子『女の人生選び―仕事、結婚、生きがいリスクをどう最小限にするか―』（はまの出版、1999年 P41）より

資料4　取材することがらは、例えば次のようなことを参考にして作ってみよう。

> 1 どんな仕事ですか
> ・やりかた、順番〔朝から終わりまで〕など・働いているところはどんな様子ですか〔あつい・寒い・すべる・危険など〕・何時から何時まで働いていますか・決まった休みはありますか。休みたいときに休めますか・収入は日給、月給、年俸などどんな形ですか〔賃金形態〕・正規雇用、パート、アルバイト、派遣などどんな働き方ですか〔雇用形態〕・体のケガ・事故・失敗などありましたか。どんなことがありましたか
> 2 今の仕事についたきっかけは何ですか
> 3 仕事を覚えるまでにどんな苦労がありましたか
> 4 仕事から帰ってきたあと、家ではどんな様子ですか
> 5 きついとき、どんなことを思って働いているのですか　　などなど

　保護者の中には、収入、賃金の取材を嫌がる人もいる。その時は子どもに「綴らなくてもいいからあなたがちゃんと知っておきなさい」と答えるとよい。子どもは大人が考える以上に我が家の経済状況には敏感である。それは義務教育後の進路選択に直結するので、「知らない」で済むことではない。

　また例えば、学習の流れのうち4次に入るのは次の学期にして、長期休業中にゆっくり文章を読むことをお勧めする。見通しをたて少し工夫すれば、多忙や義務感につぶされず楽しくすすめられる。

実践事例 2

「母の仕事」と向き合う
身近な人の「仕事」と「くらし」を取材して綴ろう

テーマ 労働・家族
校種 中
教科 国語総合

資料5 オランダ型ワークシェアリング（今の日本の働き方以外にも、いろいろな働き方が存在している、その一つとして）

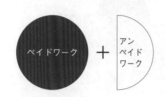

ⓐ くらしを支えるのに必要な労働を円で表すと

ⓑ 2人でくらしを支えるオランダ型ワークシェアリング
〈1人〉　〈1人〉

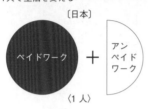

ⓒ 1人で生活を支える

〔日本〕
〈1人〉
1人で1.5人分を担う
女性の場合、賃金指数が低いので、ペイドワークの負担はさらに大きく膨らむ

〔オランダ〕
ペイドワークもアンペイドワークも約半分の公約援助があるので、1人分の労働力の範囲に収まる
（竹信三恵子『家事労働ハラスメント―生きづらさの根にあるもの』岩波新書［新赤版］1449、2013年10月、P187を参考に実践者作成）

＊賃金指数＝男性を100としたときの場合（日本の場合）
①正社員同士で子どものいる場合
　男性100　女性39（2012年）
②女性のなかの非正規の割合は約6割
参考資料：水無田気流『「居場所」のない男、「時間」がない女』（日本経済新聞社、2015年6月、P190～201）

（ⓐ→ⓑ→ⓒと学習をすすめ、その後、①②を補います）

また、労働基準法をはじめとする労働法には卒業までのどこかで必ずふれておきたい。女性の深夜労働の制限撤廃の歴史や深夜祝日等の賃金の割増制度、長時間労働の制限、労働三権などの中から、文章に即して必要な法規を選ぶ。

資料6 中1の時の文章

（前略）父のことは、あまり知りません。僕が小さいころ離婚したからです。でも別に悲しくありません。家には、祖父と祖母がいるからです。
　さて、母の仕事です。まず、母は朝の10時ごろ起きてお風呂に入ります。そして化粧をして仕事に行きます。お母さんの仕事はA（スーパー）に行ってB（レストラン）に行きます。たいへんそうだなーと思います。
　Aの仕事は主にレジをします。レジはなれるとかん単だけどなれるまでがかなりの努力が必要だそうです。（中略）あと、お母さんはAでとく別な仕事をまかせられています。このまえその仕事を見たら、あの人は何時から何時まで働くというのを何十枚も書いていました。とてもきつそうでした。
　夜はBで料理を作っています。
　料理を作るのに最初のほうは、ほうちょうとかで手を切ったりして家に帰ってきたときはびっくりしました。AとBの働く時間を合わせると16時間です。
　なんでお母さんがこんなに働いているかというと僕を育てるためです。給食費とか僕が習っている物とかでどんどんお金が減っていくから、お母さんは二つの仕事をかけもちして生活を安定させているわけです。（後略）
　　　　　　　　　　　　　　　　　　　　　　　　　　　　　　　（中1　T）

いつも、お母さんは、家の家族の中で、一番に起きます。お父さんや私の兄弟に合わせてです。（中略）
　今の仕事については、朝8時ごろから午後の2時か3時ぐらいまでです。今の仕事についたのは、自由に時間が選べるし、休む日も選べるからだそうです。ガソリンスタンドの苦労は、一日中走り回るということです。（中略）始めたころは、体重が、たくさんおちたそうです。今はなれたからそういうことはないそうです。
　お母さんは、ガソリンスタンドから帰って来てもまだ、たくさん仕事は残っています。お母さんの仕事は、洗濯、料理、掃除、まとめると家事です。あとは、ガソリンスタンドと内職です。ガソリンスタンドのあとも内職をがんばっています。
　内職は1個で0.5円とすっごーく安いです。（後略）
　　　　　　　　　　　　　　　　　　　　　　　　　　　　　　　（中1　K）

4次の共同推敲ではこのような綴りを1つまたは2つ、みんなで読む。そこから学びがスタートする。

3．学習の流れ

次	時間	学習活動	ねらい、留意点など
1	1	○「母の仕事」（『きずな』）を読み考えたことを発表する ○女の人にだけ「退職」や「パートでの働き方」が迫られるのはなぜかを考える	・2つの資料　①日本の女性のM字型雇用　②賃金指数（資料2）を補い、家事・育児・介護などは女性が担うのが当然と考えられてきたこと、それを理由に女性の賃金が低く抑えられていることを押さえる
2	1	○誰のことを綴るか決める ○取材計画を立てる	・ペイドワーク（賃金を得る仕事）、アンペイドワーク（無報酬の仕事）共に労働である ・働きたくても働けない、深夜に働く、仕事を辞めなければならない、仕事を変えたなどの状況があったら、そういうときこそぜひ綴ってほしい、と伝える ・取材の仕方を具体的に知らせる（資料4） ・締め切りまでには土日を含めた数日を挟むなど、子どもにも余裕が必要
3	2	○取材をもとに文を綴る（一次作品）	・綴れなくても責めない。その子と話せるチャンスととらえる ・取材がうまくできない子どもには「家での様子（くらし）をそのまま綴ってごらん」と声をかけよう
4	2	○ひとりの綴りをみんなで読む 　・よく書けているところ・もっと知りたいところ、の2点について考え、班で話し合い、発表する（共同推敲） ○ではどんな働き方ができたらいいのかについて考える ○オランダ型ワークシェアリング（資料5）について知る ○再び、これからどんな働き方ができたらいいのかについて考える	・ジェンダーバイアス（育児・介護の偏りなど）や性差別が見える文章を選ぶ（例えば資料6のような） ・事前に本人と話し、文章に値打ちがあること、一緒に考えたいと思っていることがらを伝えておく。取材の追加も良い。また、発表のしかたは話し合って決める。あとで本人が「読んでよかった」と思えるように、ここはよく話し合って丁寧に ・日本の今の働き方は、ずっと昔からそうだったわけでも、固定的なものでもない。働き方は変えられる。変えていくのは私たちの主体性と運動である。自分のくらしと重ねて考えることによってはじめて、子どもたちにとって意味のある学習となる

実践事例 2

「母の仕事」と向き合う
身近な人の「仕事」と「くらし」を取材して綴ろう

テーマ
労働・家族

校種
中

教科
国語
総合

5	2〜3	○それぞれが自分の一次作品を持って、前時と同じ方法でお互いに共同推敲をする ○共同推敲をふまえ、書き加えをし、二次作品（清書）の記述に入る	・誰に読んでもらうかは綴り手が決める。3人以上に読んでもらうのが目安 ・教員は、厳しい状況を綴っている子どもをきちんと見守っておこう ・綴る時間はできる限り授業で保障したい。スラスラとすすまない子どもほど宝をもっている。ここで寄り添いたい
6	適宜	○綴った文章を発表する ○聞いた子どもは「返し」をする	・読める子どもから、あるいは教員が読んでほしい子どもから ・「返し」は批評ではない。相手の発表を聞いて、自分を思い返し、自分はどうなのかを返す ・「返し」がすぐに発表できないときは、手紙を書いて最後に届けてもよい

4．終わりに

　まずは、子どもに綴ってもらう。綴ってくるのは一見「浅い」ことばかりのように見えるかもしれない。しかし、その中に一人でも、断片的にでも、性差別の見えるくらしを切り取っていれば、そこから授業を組み立てることができる。できるかできないかは実は、実践者（教員）に見えるかどうかの問題である。

　目の前にいる子どもたちと一緒に泣き、笑い、共に過ごすことは基本だ。しかし子どもの身近にいる大人たちのくらしが今の私たちに見えているだろうか。働く同じ仲間として、見えるように、想像できるようになりたい。近隣の労働組合の集まりにちょっと行ってみる、市民活動に興味をもってみるなど小さな行動でいい、「学校だけ」の自分のくらしから飛び出してみよう。気になる子どものところに、帰りにちょっと寄ってみよう。そうして得られる発見や気づきが私たちの「見る目」を鍛えてくれるはずだ。もちろん、教職員が自分の賃金、労働環境、さらには自分を守ってくれている労働法について地道に学んでおくことは、一番の土台となる。

　授業の流れでいえば、まず4次までを目標にとりくんでみよう。4次の学習で出てきた意見を交流するのもいい。可能なら5次、6次とすすめてみてほしい。綴れなかった子どもが、ほかの子どもの綴りを受け止めることで初めて綴れるようになる、そのようなことがよくある。最後に、2年間お父さんのことを綴ろうとしてどうしても綴れなかった子どもが、ほかの子どもの発表を聞き、卒業を前に綴った文章を紹介する。

（前略）僕のお父さんは店長をしていました。店長をしていた時のお父さんはめっちゃいそがしそうで、あまり家にも帰って来ずに車の中で寝ていたそうです。
　お父さんが久しぶりに帰ってきたと思ったら、あまり元気がなくすぐ寝てしまいました。その時ぼくはまだ小さかったので、あまり状況が分かりませんでした。でも後からきいたらリストラされたそうです。
　そんなお父さんにぼくは、「今日仕事行かんと？」とか聞いていました。今考えると、この言葉を聞いても笑って、休みになったと言っていたお父さんを思い出すと涙が止まりません。
　　　　　　　　　　　　　　　　　　　　　　　　　　　　　　　　　　　　（中3　Y）

　待遇以上に責任の重い仕事、長時間労働、リストラ、そして若くしての急死。小学校5年生でお父さんを失ったYが、中一の頃少々元気すぎる姿を見せていたのは当然のことではないか。現実を受け止められないだけでなく、自分を責め続けていたのだから。

「女である」ことを理由に強いられる貧困。「男である」ことを理由に強いられる長時間労働。「当たり前」に思われているくらしの中に差別は存在する。それを教室で出し合うのである。

> **Comment**
>
> 本実践は、子どもたちが自分の身近な人（保護者）の語りを聴き、その「綴り」をクラスで共有し、分かち合うという体験で構成されており、労働がくらしに密着した課題であることがわかりやすく伝えられています。また、「働き方は変えられる」「変えていくのは私たち」というメッセージが据えられており、伝わってきます。それは、ジェンダー・バイアスに敏感な視点をもち、性差別をなくすために何ができるかを考えた多くの時間によって支えられています。教職員としての経験が少ないと、「ジェンダーや性差別にかかわる実践は難しい」と思われがちですが、社会を考える入り口はそれぞれのくらしにあり、くらしと社会とのつながりを考えさせる実践はどの教科・年代においてもできるということを示してくれています。子どものくらしや家庭の状況を扱う際には、個々の事情を考慮しておくと良いでしょう。
>
> 教職員自身も性差別を見逃さず、あきらめず、何ができるのか、実践に移せないか考えてみることです。私たちは常にジェンダー・バイアスに敏感な視点をもち、社会を見つめていくことが大切です。

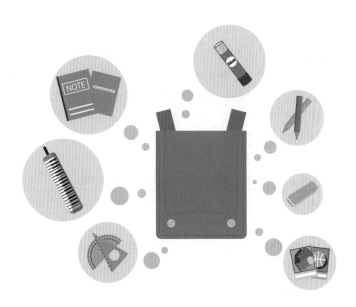

1. はじめに

　「女性の活躍」が叫ばれる一方、「マタハラ」などの言葉も出現するなど女性の働く環境は依然として厳しく、女性だけではなく男性も「生きにくい」と感じられる。女性が働きやすい社会は、だれにとっても「働きやすい」「生きやすい」社会。そのような社会にするためにも、「ジェンダーの視点」を共有することが大切だと思う。中学生にもその視点に気づいてほしいと考え、様々な授業の実践を行ってきた。

　「生き方」を考えさせようとするとき、「働き方」は避けて通ることはできない。現在「働く」場では、長時間労働・賃金未払い・残業代未払い・セクハラ…等多くの問題が起きている。特に多くの若者が厳しい労働環境の中にいる。そして、どんなに厳しい環境であっても「がまんする」「仕方がない」というのが大方の意見だそうだ。一方、これらの若者は学校で、どのような労働に関する学習をしてきたのだろう。私自身も今まで労働に関する授業を行う中で、結果的には「非正規にならないように、ブラック企業に行かないように」ということを教えるだけに終わっているのではと反省することがよくあった。「労働に関する授業をどのようにつくっていったらいいのだろう？」、そのような疑問をもち続けていた。

　そのような折、NPO法人POSSEが「労働法教育」を高校生や大学生に行っているということを知り、私は大変興味をもった。POSSEの方の話でも、学校での労働に関する教育については私の反省と同じ見方だった。「みんな労働しつつ幸せになれる権利がある」「その権利を保障する法がある」、中学生にもそのような考え方を伝えたい。

　現在勤務している中学校では、2年生が10月に職場体験学習を行っているので、この「労働法」についての授業はよいタイミングだと考えた。2年生4クラスで、各担任はロールプレイに参加し、一緒に授業を行った。子どもたちは「労働法」とは、「自分たちが働くようになった時に助けてくれる」ものであることに興味をもつことができた。

2. 使用した資料

【資料1「有給休暇」】ロールプレイ台本

　高校3年生のAさんは、1年前からファーストフード店でアルバイトをしています。

　クリスマスにアルバイトのシフトを無理やり入れられてしまったので有給休暇をとりたいと思い店長に伝えました。

Aさん：店長！　こないだシフト表見たら12/25にシフト入っているんですけど、僕この日希望してないし予定が入ってしまったので…有給休暇を使いたいんですけど。
店長：え？　ダメダメ！　アルバイトには有給休暇はないよ。ちゃんとシフト通りに来ないと今月の給料ないよ！
Aさん：えー？　前のアルバイト先では有休を取れたんですけど…
店長：まぁ理由によっちゃ認めてあげてもいいかもね
Aさん：大事な予定が入ってしまったので休みたいんですよ
店長：どうせデートとかそんな理由だろ。アルバイトだからってそんな理由で休んでちゃ勤まらないよ

参考：NPO法人POSSE　労働法教材『知ろう！使おう！労働法』

【資料2 「ハロハロクイズ」】

ワークシート 「ハロハロクイズ」
（　　）組　名前（　　　　　　　　　　）

1 Yes, No

正社員のヒロシさんは、事務員として働いています。
ほぼ毎日3、4時間以上の残業に追われています。でも、給料に残業代が含まれていなかったので、上司に言うと
「君の契約書には、君の賃金には始めから残業代は含まれている、とある」
とのことでした。
本当に残業代はもらえないのでしょうか？

2 Yes, No

お母さんは近くのスーパーでずっと働いています。風邪で熱があるのに、「パートは休んだらお給料が減るから」と言って仕事に行こうとします。パートは休んだらお給料が減らされるのですか。

3 Yes, No

お姉ちゃんは高校を卒業してからアルバイトをしていました。先週、急に店長さんから「明日から来なくていい」と言われ、すごくショックを受けたようです。やっぱりクビですか？

大阪府人権教育研究協議会編「わたし　出会い　発見 Part. 8」を参考に実践者作成

【資料3 「働く時に知っておいてほしい4つの言葉」】

働く時に知っておいてほしい4つの言葉

①会社の言うことを鵜呑みにしない！
　労働者にウソをついたり、ごまかしたりして違法なことをする会社は結構あります。会社の言うことが常に正しいとは限らないので注意しましょう。

②あきらめない！自分を責めない！
　あなたが労働法を使う時に、会社が邪魔をしてくることもあります。あなたを精神的に追い詰めてあきらめさせるような手を使うこともあります。ですがそこで何もせずにあきらめてしまえば状況は変わりません。会社が違法なことをしているのであれば、あなたは何を言われようとも負い目を感じる必要はないのです。

③困ったらすぐに労働法のプロに相談しよう！
　労働法は難しい法律なので、とにかく働いていておかしいと思ったら大きな問題になる前に労働組合や弁護士、労働基準監督署などのプロに相談しましょう。

④証拠・メモを残そう！
　労働法を使うときには、具体的な事実がはっきりしているのが望ましいです。そのため、物的な証拠やメモなどの記録が必要になります。具体的には、契約書、就業規則、給与明細などです。大切にとっておきましょう。また、労働時間や働いておかしいと思ったことなどはメモに残しておけば証拠になります。ポイントは毎日続けることです。

参考：NPO法人POSSE　労働法教材『知ろう！使おう！労働法』

3. 学習の流れ

「働く」前に知っておいてほしい「大切なこと」 ―「労働法」について知ろう―
○目標
・働く人が安心して働き、生活できるようになるために「労働法」があることを知る。
・「労働法」の使い方を覚える。

学習の展開

学習活動	主な発問と予想される反応
1　めあてを知る。	○「中学校卒業後は、どんな進路に進もうと思っていますか？　高校・大学・専門学校など上の学校にそれぞれ進む人もいると思いますが、（将来）学校を卒業したらどうしますか？」→「働く」「何かの仕事をする」
「働く」前に知っておいてほしい「大切なこと」について考えよう！	
2　ロールプレイを見て感じたことを書く。	○これから、先生たちが「店長」と「Aさん（アルバイト）」になってロールプレイをします。よく見ていて下さい。(資料1「有給休暇」) ○二人のやりとりを聞いて感じたことを、ワークシートに書きましょう。 ○書いたことを発表してください。
3　「ハロハロクイズ」をする。	○「ハロハロクイズ」をしよう！　班で相談して、次のクイズに答えよう。その理由も話し合ってみましょう。 ○班で話し合ったことを発表してください。 ○では、答えと解説をします。(資料2「ハロハロクイズ」)
4　ロールプレイ（資料1）をもう一度読む。	○もう一度、ロールプレイをした資料を読み直して、おかしいと思ったこと・Aさんは「有給休暇」を取ることができるかどうか、考えてみてください。
5　「働く時に知っておいてほしい4つの言葉」を知る。	○実は、働いている所で問題が起こっても「がまんする」という人が多いのも現状です。それは、自分たちを守ってくれる「労働法」についてあまり知らないからなのです。今日は、「労働法」の中の3つの法を紹介しましたが、ほんの一部です。すべてを知ることはとても大変ですが、働く時にいつも注意しておきたい4つの合い言葉を知っておくと、どんなトラブルにもある程度対応できます。ぜひ覚えておいてください。(資料3「働く時に知っておいてほしい4つの言葉」)
6　本時のまとめをする。	○今日の授業で学習したことや感想を書いてください。

4. 終わりに

　中学校では職場体験の実践が広がっており、今回の授業も職場体験学習を行ったばかりだったので、「働く」ということに結びつけやすかったと思う。だが、実際の「労働の場」での問題を知っている生徒はほとんどいない。こうした実態の中で、「労働法」を知ることの大切さを感じさせるために、ロールプレイやクイズ、班活動などの活動を取り入れた。単なる説明という受け身的な学習ではなかったので、印象には残りやすかったのではないかと感じた。子どもの感想にも、興味をもつことができたという表現がよく出てきていた。

実践を終えての成果や課題を以下にまとめる。

《成果》

・今まで「労働法」を扱うような授業をしたことはなかったので、こんな視点もあるんだなと興味深かった。

・最初にロールプレイを行うことで、生徒の興味を引いた。

・班活動（話し合い）の時間が短かったので、まとめきれるかどうか心配だったが、全部の班がボードに書き終えることができた。

・子どもは、今回のテーマを自然に受け止めることができた。

《課題》

・「ハロハロクイズ」は、班活動に入る前に一人ひとりがしっかり考えることができる時間を確保すること。

・「Aさんは、有給休暇を取ることができるか？」に対して、答えが「NO」から「YES」に変わったことに対しての根拠を考えさせることで、「労働法」を知ることの大切さを実感させること。

・「4つの言葉」は、中学生の実態から離れていて、中学生にとって理解しにくい表現があるので、工夫した方が良いこと。

・「ハロハロクイズの解説」のあと「4つの言葉」へ入るとき、やや不自然さを感じた。説明をもう少し工夫した方が良い。

中学生にとって、「労働法」は、まだ身近に感じることができないことであるが、将来働く時に知っておくと役に立つと伝えることは意義がある。しかし、一つひとつの法を説明するのでは、子どもは興味をもたないだろう。今回のように、具体的な事例をあげて考えさせると印象に残りやすい。

実際に働くようになる前に大切なのは、基礎となる「考え方」だと思う。

子どもからは次のような感想が寄せられた。

「『あきらめない。自分を責めない』というのは、自分たち、普段でも言えることなのかなと思いました」

「どうすればいいか分からなかったら、調べたり相談したりすることも大切なんだなと思いました」

「人の言うことがすべて正しいと思わず、『本当にそうかな』と思ってちゃんと納得するまで調べたいです」

このような「考え方・態度」を伝えていきたい。それは、「ジェンダーの視点」の気づきにもつながることだと思う。

★ハロハロクイズ解答★

1．NO

雇用主は、1日8時間を超えて労働者を働かせた場合、超えた時間について1.25倍の時間外労働割増賃金を支払わなければなりません。一定の時間の割増賃金込みで定額の給料（賃金）を決めることはできますが、その場合、決められた労働時間について払われる金額と割増賃金にあたる部分とが分けられている必要があります。「この部分が残業代にあたる部分」という明確な区別がない場合は、毎月の給料に加えて残業代を請求することができます。

2．NO

パートタイマー（短時間労働者）であっても、6カ月間継続勤務し、

労働日の8割以上を出勤した場合、年次有給休暇（年休）を取ることができます。年次有給休暇は、労働者が決められた休日以外に、労働者が休みたい時を指定することによって休むことができ、休んだ日の賃金も支払われます。急な病気により、事前に届出をせず当日電話で年休を申し出て後日に年休の手続きをすることを認める会社も多くありますので、交渉してみましょう。

3．NO

「明日から来なくていい」という言い方は、意味が明確ではありません。

契約期間が決まっている労働契約であれば、やむを得ない理由がなければ、契約期間の途中で解雇（雇用主の側から一方的に労働契約を打ち切ること）することはできません。解雇と告げると裁判などで会社が不利になるため、解雇という言葉を使わず、「明日から来なくてもいい」などと曖昧な言い方をして、やめさせようとすることがよくあります（退職勧奨といいます）。

「明日から来なくていい」と言われた場合、それは解雇なのかちがうのか問いただし、納得いかない限り、やめるとは言わないことが大切です。乱暴な解雇は違法で無効と判断されます。解雇を告げられたり、退職を迫られたりした場合は、その理由を書面でもらうこと、専門家・労働組合などに早めに相談するのがよいでしょう。

Comment

「働き方改革」や「ワークシェアリング」「同一労働同一賃金」など、労働に関するニュースが頻繁に耳に入るようになり、小中学生や高校生の関心を高めていきたいところです。実践は中学校のものでしたが、使用されたNPO法人POSSEの教材などは小学校でも使えるような表現になっていますし、高校生であれば実際にアルバイトでこのような労働問題に直面している場合もあり、どんな校種でも活用できる実践になっています。

授業実践にあたっては、可能な限り地域の雇用の状況や家庭の状況などに配慮できるとよい実践になるでしょう。教職員の働き方改革も叫ばれていますが、まずは教職員自身が良き労働者であることを身をもって示したいものです。

1. はじめに

　本授業は、『わたしはあかねこ』という絵本とともにすすめる。この絵本は、白と黒の両親から生まれたあかねこが、白や黒のきょうだいたちから、「かわいそうだ」と言われ、心配した両親から、大好きな自分の色を悪気なく変えられそうになる場面から始まる。しかし、あかねこはそれが窮屈で家を飛び出す。その後、あおねこと出会い、いろいろな色の子猫たちが生まれ、新しい家族を作るという話である。

　第1時は、この話に沿ってすすめ、第2時は、絵本の最終場面から、生まれた虹色の7匹のこねこの性別を考えていく。子どもたちは、色（見た目）で性別を決める。しかし、体の性と心の性が違うねこ（水色のねこ）がいることや、まわりのねこたちも笑顔でしあわせそうな様子から、性別は見た目ではわからないこと、性別は心で決まる（その人の望む性別で生きることを尊重する）ことなどを知らせる。また、第1時とは違い、それをまわりが認めることによって、みんながしあわせに暮らせていることを知らせる。子どもたちの様々な気持ちを受け止めながらつぶやきを大切に拾い、柔軟に展開していく。

2. 使用した資料

　サトシン／作・西村敏雄／絵『わたしはあかねこ』（文溪堂、2011年）

3. 指導計画

①指導計画
・第1時　あかねこの気持ちから、きめつけや思い込みについて知り、考える。
・第2時　生まれたこねこの性別を考えることをきっかけに、多様な性について知る。

②指導の流れ
【第1時】

　ねらい　知らない間にきめつけや思い込みをしてしまっていることや、友だちと考え方などが違っていても、それを尊重して、自分の考えも大事にすることが大切であることに気づく。

学習活動	指導上の留意点
1．本時の流れを知る。	・安心して学習ができるような雰囲気を作る。
あかねこの気持ちを考えよう。	
2．絵本『わたしはあかねこ』（前半：家を飛び出すところまで）を見る。	・場面の印象とあかねこの気持ちの動きが心に残るように、ゆっくりと読む。

実践事例 4

性の多様性について知ろう
『わたしはあかねこ』を題材にして

テーマ **性の教育**

校種 **小**

教科 **道徳**

3．話の内容をふりかえりながら、あかねこの気持ちをはっきりさせる。	・場面をふりかえりやすくするために、挿絵を提示し、それに沿って、あかねこの気持ちを考えていく。
4．ワークシートを書く。 ・家を飛び出した時の気持ち	
新しい家族ができた時の、あかねこの気持ちを考えよう。	
5．絵本の後半（新しい家族ができるところ）を読む。	
6．あおねこと出会った時や、子どもたちが生まれた時の、あかねこの気持ちを考える。 「赤い毛並みをほめてもらって嬉しい」 「きっと、子どもたちの色を変えようと思わなかったよ」 「とっても嬉しそうだね」	・生まれた時の家族に悪気があったわけではないことも知らせつつ、新しい家族の心地良さの理由を考えさせることによって、個性を認めることの大切さにつないでいく。 ・子どもたちのつぶやきを大切にしながら、すすめていく。 ・素直な気持ちが書けるようにする。
7．ワークシートを記入する。 ・あたらしい家族ができた時の気持ち ・あかねこへの手紙	

子どもの感想

あかねこさんへ…

- 「あかがすてきでよかったね。そのままにしといてよかったね」
- 「あかねこのままで、あおねこにきれいといわれてよかったね」
- 「いまはたのしくできていますか。であえてよかったね」
- 「あかねこちゃんはいろをかえられそうになったけど、あかねこちゃんのあかちゃんのいろはかえないでね」

【授業を終えて（第1時）】

　とてもかわいい挿絵の絵本で、子どもたちは一生懸命話をきいていた。あかねこの気持ちになって話の中に入ることにより、その気持ちの変化に寄り添えたと思う。子どもたちのつぶやきは多く、意欲的に発表ができていた。

　親やきょうだいと同じ色になりたいだろうと決めつけられる息苦しさや、あおねこに出会って「きみのあかいけなみ、とってもきれいだね」といわれた時の安堵感もよく感じ取れていた。しかし、親やきょうだいは、あかねこのことが嫌いで色を変えようとしたのではない。この場面をふりかえり、「気持ちは聞かないとわからない」ということに触れられたことは良かったと思う。知らず知らずのうちに、友だちを傷つけてしまうことがあることを、一緒に考えられた。

【第2時】

　ねらい　性は多様であることを知る（『わたしはあかねこ』を応用し、発展させる）。

学　習　活　動	指導上の留意点
1．本時の流れを知る。	・安心して学習ができるように、1時間の見通しを明確にする。

2．絵本『わたしはあかねこ』を見る。	
こねこたちの性別を考えよう。	
3．絵本『わたしはあかねこ』の最終場面を見て、それぞれの性別を考え、意見を言う。 「見ただけでは、わからないな」	・こねこたちの性別について考えさせる。 ・意見がそれぞれ違っていいことを、子どもたちと確認する。
4．性別は、心の性別で決まることを知る。 　① 体の性別について知る。 　② 心の性別について知る。	① まず、7匹のこねこの体の性をあらかじめ決めて知らせる。生まれた時に、性別がわからない子もいることを知らせる。 ② 1匹だけ、体の性別と心の性別を違わせて表示する（トランスジェンダー女の子）。 ・子どもたちの色々な気持ちを受け止めながらすすめる。
性別について、学ぼう。	
5．性が多様であることを知る。	・子どもたちにわかりやすく伝えていく。 ・性別は心で決まる（その人の望む性別で生きることを尊重する）。 ・性別は、見た目ではわからない。 　　　　　　　　　　　　　　　　など
6．ワークシートを書く。 　・トランスジェンダーの水色のねこの気持ち。 　・まわりのねこたちはどんなねこか。 　・今日思ったこと、初めて知ったこと。 　「たずねないとわからない」 　「心の性を大切にしたらいい」	・素直な思いが書けるようにする。 ・感想を交流する。

板　書

子どもの感想

水色のねこちゃんへ

・「からだとこころがちがっていいとおもったよ」
・「おとこのこだけど、ほんとうはおんなのこがいいんだね。じゃあ、じぶんのおもうようにすればスッキリするよ。みずいろのねこちゃんは、『じぶんがおんなのこにうまれたらよかった』とおもっている（かもしれない）けど、じぶんのおもいどおりにすればいいんだよ（じぶんのおもいをたいせつにしていいんだよ）。それぞれ、きもちはちがうよ」

実践事例 4

性の多様性について知ろう
『わたしはあかねこ』を題材にして

テーマ
性の教育

校種
小

教科
道徳

【授業を終えて（第2時）】
　水色のねこの体と心の性別が違うことを知った時、不思議だと感じる子と、すぐには受け入れられない子がいた。「そんなの、へんだ」「おかしいよ」と言っていた子も、感想には、「きょう少しわかりました」と書いていた。また、自分の思いを大切にしたらいいということを感じている感想もあった。

4．終わりに

　これから先、様々な「きめつけ」や「思い込み」に出会うであろう子どもたちにとって、性の多様性との出会いが、生き方・考え方の切り口を増やすことになればと思う。素直に受け入れ、思考を変えていく「いい変化」は、肯定的にとらえさせたい。これらをふまえ、第2時の授業では、掲示するねこたちに、しあわせそうな表情をつけ、「どうして幸せなのか？」を投げかけ、水色のねこの気持ちと、まわりのねこたちの気持ちを考えられるようにしたい。性の多様性について教職員が理解を深めること、そして少しずつ保護者や地域に広げていくとともに、指導を重ねる中で、カリキュラムの系統性を考え直したり指導案を修正したりすることが大切であると感じている。

Comment

　この教材は、「いろいろな人がいる」、違うことで疎外するのではなく「違いを認める」という視点において、有効なものだと思われます。さらに、あかねこの気持ちに寄り添うことにより、当事者の側にたって物事を考えることの大切さも教えてくれます。

　後半場面では、「生まれてきたこねこたちの性別を考える」という課題が設定されています。性別による色の固定化を壊すという点において、とてもいい実践になっていると思います。

　しかし、性別（男か女か）を考えるということは、性の二分化の意識を植え付けることになる恐れがあるので、どうすれば七色のこねこたちの性がそれぞれ違い、「性は十人十色」という方向に子どもたちの意識がむかうのか、さらなる工夫をしていきたいものです。

実践事例 5

人を好きになるということ
多様な家族を理解する
『タンタンタンゴの授業参観』

テーマ
**性の教育
家　族**

校種
小

教科
道徳
総合

1. はじめに

　本授業は、第1時で『タンタンタンゴはパパふたり』（ジャスティン・リチャードソン＆ピーター・パーネル文、ヘンリー・コール絵、尾辻かな子・前田和男訳、ポット出版）の読み聞かせを行った後、第2時で授業者が改作した『タンタンタンゴの授業参観』の話をもとにすすめるものである。原作は、ペンギンのオスのロイとシロが、愛し合っていることに気づいた飼育員が卵を巣に置き、その卵を二羽が大事に温め無事ヒナがかえるという心温まる作品である。しかし、現実の世界では、「同性カップル」家族は特別なものとされており、その原因には「異性愛が当たり前」とする意識が社会にあるからだと考えられる。家族の違いを理由に、いじめたり排除したりしてしまう側の問題に焦点を当てて、友だちのありのままを受け入れ、ともに生きることができるクラスや学校づくりにむけて今回のとりくみを行う。

2. 使用した資料

A 『タンタンタンゴはパパふたり』
　　　絵本　ジャスティン・リチャードソン＆ピーター・パーネル文、ヘンリー・コール絵
　　　　　　尾辻かな子、前田和男　訳　　2008年発行　ポット出版

　ニューヨークの動物園で本当にあった話を基にしています。飼育員は、ペンギンのロイとシロの行動や様子を見て、愛し合っていることに気づきます。二羽は他のペンギンカップルと同じように巣を作り、卵を温めるなどの行動をとります。しかし、二羽が温めたのは卵ではなく石でした。それを見た飼育員は、他のペンギンが産み落し放ってあった卵を二羽の巣へ運びます。すると、ロイとシロはその卵を大事に温め、無事ヒナがかえりタンゴが産まれるという話です。

B 『タンタンタンゴの授業参観』
　　　紙芝居　「男女」共生教育研究協議会のなかまと作成

　これはアメリカにある動物園のお話です。動物園の動物といえば…ペンギン。ペンギンの名前は覚えているかな。これは、ペンギンのタンゴが成長してからのお話です。
　はじまりはじまり～！

① ペンギンの子どものひとり、タンゴはすくすくと成長して、ペンギン学校の1年生になりました。そして、すぐにボンという友だちができました。ボンもタンゴと同じように歌と泳ぎが大好きで、二人はすぐにとっても仲良しになりました。
　体育で水泳の授業があった日のことです。その日もタンゴはものすごい速さで泳いでいて、みんなをびっくりさせました。
（ボ）「ねえタンゴ、どうしたらそんなに速く泳げるようになるの？」ボンが尋ねました。
（タ）「小さいころからパパが教えてくれているからね」タンゴが答えました。
（ケ）「それに比べてボンの遅いこと！」ケチャが言いました。
（サ）「ほんとほんと、男のくせに、もうちょっとなんとかならないの？」サンバも言いました。
　それを聞いたタンゴは、

実践事例 5

人を好きになるということ
多様な家族を理解する
『タンタンタンゴの授業参観』

テーマ
性の教育
家　族

校　種
小

教　科
道徳
総合

(タ)「男だからとか女だからとか、おかしいよ！それにボンだっていっしょけんめい泳いでるんだよ！ボンはそれも持ち味なんだよ！そんなこと言わないの！」と、言い返してくれました。
(ケ・サ)「はいはい」二人は答えました。
　二人だけになったとき、ボンが言いました。
(ボ)「さっきはありがとう。タンゴ。とってもうれしかったよ」
(タ)「ううん、いいの。それよりボン、今日、うちに来て一緒に泳ぎに行かない？」
(ボ)「え？いいの？行く行く！」ボンが言いました。

②　その日、ボンはタンゴの家に行きました。
(ボ)「こんにちは」
(タ)「いらっしゃい、ボン！」
(パ)「やあ、君がボンかい？」「あいさつもちゃんとできて、さすがタンゴの友だちだ！」
　ボンを迎えてくれたのは、タンゴと二人のオスのペンギンでした。
(タ)「家族を紹介するね。こっちは、私に泳ぎを教えてくれたシロ。こっちは、歌の上手なロイだよ。二人とも私のパパなの」
　ボンはびっくりしてしまいました。
(ボ)「ええっ？タンゴにはパパが二人いるの？」
(タ)「そうだよ！」
　タンゴはさも当然というように言いました。
　それを見ていた二人のパパは、こう言いました。
(パ)「ボンがびっくりするのも無理はないかな。タンゴのパパはね、わたしたち二人なんだよ」
(タ)「ママはいないの？」
(パ)「うん。ママはいない。わたしたちパパが２人で育てているんだよ。タンゴは、わたしたち二人の大事な子どもなんだ」
　「わたしたちは三人で家族なんだよ」
(ボ)「ふうーん…」ボンはよくわからなくなってきて、それきりだまっているとタンゴが言いました。
(タ)「それよりシロパパ、ボンに泳ぎを教えてあげて！ボンね、もう少し速く泳げると思うんだけど…コツを教えてあげてほしいの」
(シ)「ＯＫ！ＯＫ！じゃあ、一緒に泳いでみよう！」
　ボンは言われるままに、タンゴのパパであるシロに泳ぎを教えてもらいました。シロはとっても優しく、ていねいに教えてくれました。ボンが泳ぎを教えてもらっている間、タンゴはずっと隣で応援してくれました。タンゴのもう一人のパパであるロイも、ボンが疲れたときには歌を歌って励ましてくれました。おかげで、ボンは楽しく泳ぎの練習をして、前よりうんと速く泳げるようになりました。

③　今日は、１年生になって初めての授業参観です。ペンギン学校には、たくさんの人がやってきました。
　「あ、パパ！」「ママ！ママ！ここだよ！おーい」など、ペンギン学校の１年生は大はしゃぎです。
(サ)「ねえタンゴ、タンゴのパパはどこ？ぼくもタンゴみたいに速く泳げるようになりたいから、タンゴのパパに教えてもらいたいんだけど…」
　サンバが言いました。
(タ)「うんいいよ！紹介するね。わたしのパパはあそこにいるよ〜。黄色い蝶ネクタイをしているパパがシロ、水色の蝶ネクタイをしているパパがロイだよ！泳ぎを教えてくれるのは、シロパパの方だよ！」
(サ)「えっ？タンゴにはパパが二人いるの？」
(タ)「うん！サンバの家は違うだろうけど、うちは生まれたときからパパが二人なんだよ」
(サ)「へ、へえ…」

④　その日の帰り道、サンバとケチャとボンが歩いていると、ケチャが言いました。
(ケ)「ねえ、タンゴのパパ見た？」

54

すると、サンバも言いました。
(サ)「見た見た！パパが二人来てた！」
(ケ)「そうそう！びっくりしたよな！」
(サ)「パパが二人いるなんて、おかしいよね」
(ケ)「うん、男どうしで結婚したってことでしょ。
　　ねえ、ボン！」
…ボンはどうしようと思いました。

3．指導の流れ

①指導計画
・第1時　『タンタンタンゴはパパふたり』の読み聞かせをうけ、ロイやシロへの率直な感想をもつ。
・第2時　『タンタンタンゴの授業参観』の紙芝居を聞き、パパ二人の友だちに対し自分にできることを考え、交流する。

②指導の流れ
【第1時】
　ねらい　ロイとシロが愛し合って卵を大事に温めヒナがかえった絵本の読み聞かせを受け、自分なりの感想をもち、意見を交流する。

（1）『タンタンタンゴはパパふたり』の読み聞かせ授業

学習内容・学習活動	留意点・支援
1　絵本（題名は伏せてある）の読み聞かせを途中まで聞く。 ※「～グラムジーさんは気づきました」まで	○アメリカで本当にあった話であることを読み聞かせの前に伝える。 ○集まって読み聞かせをする。 ○グラムジーさんのセリフ「この子たちは、きっと愛しあっているんだ」を児童に見えないようにする。
2　グラムジーさんが気づいたことを予想する。 3　絵本の読み聞かせの続きを聞き、絵本の題名を知る。 ※「～タンゴは、この動物園でパパが二羽いる、はじめてのペンギンになりました」まで 4　ロイとシロはどんなペンギンか分かったことや思ったことを確認しあう。	○どの意見も認めながらすすめる。 　（親友　家族　きょうだい　カップル　等） ○絵本に集中させてから読み聞かせに入る。 ○思ったことについては、多様な意見を出させたい。（すごい　一生懸命　へん　等） ○このお話の続きがあることを伝えて終わる。

【第2時】
　ねらい　家族の構成は様々であることに気づき、それを理由に仲間外れをするのはいじめや差別であると知る。また、違いを認め合えるクラスにむけ自分のかかわりを考える。

学習内容・学習活動	留意点・支援
1　今日のお話を知る。	○本当にあった話をもとにして作ったものだと読み聞かせの前に伝える。 ○紙芝居を使って話の内容を知らせる。 ○登場人物・出来事をふり返らせる。

実践事例 5

人を好きになるということ
多様な家族を理解する
『タンタンタンゴの授業参観』

テーマ
**性の教育
家　族**

校　種
小

教　科
**道　徳
総　合**

ボンが困っていることは何だろう？
サンバ「パパが二人いるなんて、おかしいよね」 ケチャ「うん、男どうしで結婚したってことでしょ。ねぇ、ボン！」 あなたがボンなら何と答えますか？ふき出しに書いてみましょう。

2　ワークシートに自分の考えを記入する。 3　自分が書いた意見やその理由を発表する。	○一人ずつふき出しに書いたことを発表させ、種類別にする（言い返す、流される、同意する　等）。 ○それぞれに言いたいことがあれば自由に質問させ、意見させる。 ○自分の意見を変えたくなったら理由を言って変えてもよいことを伝える。 ○意見が偏った場合は、「でも〜だよね」などと投げかけ、揺さぶりをかけたい。
4　役割演技をする。 　① 3人で演じる。 　② タンゴ（見ている子） 5　ボンへ手紙を書く。	○サンバとケチャとボンの3役に分かれて役割演技をさせる。 ○見ている子はタンゴになる。 ①タンゴを思い浮かべながら話すように助言する。 ②見ている子にどんな気持ちがしたか尋ねる。 ○本時のまとめとする。

4．終わりに

【指導を終えて（第2時）】

　第1時では、「ふつうは女性と男性でカップルになるのにへん」などの発言が多く出されたが、泳ぎをていねいに教えてくれたり、歌って励ましてくれたりするロイとシロのやさしさがわかったと、考えが変わっていった。また、「タンゴはペンギン学校に入学してすぐに仲良くなった友だち」や「タンゴは、泳ぎのこと（男のくせに泳ぎが遅いと言われたこと）をかばってくれた」と、タンゴと自分の関係や、タンゴとパパふたりとの関係をふり返って「へん」と言っていた考えを変えた子どもも見られた。サンバとケチャ、ボンそれぞれを演じる役割演技では、A：「サンバとケチャに流されてしまう」B：「話題を変える」C：「無言」の3つのパターンで行い、次にD：「自分も最初はへんだと思ったことを伝え、後から言い返す」パターン、最後にE：「言い返す」パターンを行った。その後の、それぞれのパターンについてタンゴになって感想を述べあう場面では、自分ごととして考える姿があった。パパ二人の家族など、家族はそれぞれだということについても確認しあうことができた。

Comment

「家族というものは〜というものだ」などの思い込みが子どもたちにあります。しかし、そのように子どもたちが考える要因は大人や社会の側にあるのです。子どもたちが、パパ二人の家族を「へん」だと考えるのは、「家族＝父・母・子ども（標準家族）」という刷り込みや、「愛し合うのは男女カップル（異性愛）だけ」という偏見からです。まずは、授業者が自分自身のステレオタイプを問うことから始める必要があります。

この実践は、性的マイノリティのかかえさせられる不利益について、周りにこそ考えさせるべき問題だというスタンスでとりくんだものです。登場人物の心情や出来事を、自分の身の回りの関係に置き換えたり、それに伴う葛藤を経験したりすることで、自分事とすることができるとしています。根底にあるのは、なんでも言い合えるクラスづくりにむけ、一人ひとりを尊重しようとする授業者の思いです。

実践事例 6

高校におけるLGBTに関する授業実践
―公民科の観点から

テーマ
性の教育

校種
高

教科
公民科

1. はじめに

　社会科においては自分が置かれた環境と、授業で扱う環境の違いをいかに克服するかがひとつの指導のポイントになると考えている。

　今回の実践を行った学年の1年次に、地理の授業の地震や津波の学習において被災地の状況を伝えたり、アメリカの学習において黒人差別の問題をとり上げたりした際、かなり多くの生徒が強い関心をもって授業を受けてくれた。授業の感想などをまとめながら思い至ったのは、彼らの抱える厳しい環境や、ある面での幼さによって、同じように苦しんでいる人たちへの正義感をもつ生徒が多いのではないかということだ。

　また、私の授業ではオープンな質問を全体に投げかけ、何人かの生徒の考えを冒頭に発表させて展開することも多かったのだが、少しずつクラスの中で、クラスメイトの意見を尊重すること、間違えてもいいから自分の考えをもつことの大切さが浸透していったように思う。

　2年次、彼らのこの正義感や、クラスを思う気持ちをうまく生かしながら自己肯定感や社会にむけた視点を育てていきたいと考えた。そこで当時少しずつ話題になることも増えてきており、かつ「自分のクラスにもいるかもしれない」という視点をもつために適している題材としてLGBTをとり上げることにした。

2. 授業実践について

・第1時＜LGBTへの導入＞

　まず、生徒にミドリカワ書房の「愛なるは」（作詞・作曲：緑川伸一）を聞かせ、歌詞を穴埋めさせる。その後「この歌の主人公はどんな人でしょうか」「どんなシチュエーションでどんなことに悩んでいるのでしょうか」の質問を考えさせた。

　この曲は歌手のミドリカワ書房（緑川伸一）が2010年に発売したアルバムに収録されている楽曲で、タレントのはるな愛さんをモチーフにして作詞されたものである。男として生まれたものの心は女、大好きな彼との結婚をあきらめなくてはいけない、といった内容が歌われている。導入において歌を聞かせることは実践者がたびたび使う方法で、重要な歌詞を穴埋めにすることで聴いてほしいポイントを示すことができる。1番のサビのあたりでは多くのクラスで笑いが起きた、「見た目は女でも私ほんとは男だから」という歌詞の部分に反応したのだ。しかし2番に歌詞が進み、少しシリアスな内容になってきて、自然と笑いは収まり、真剣に聴き入っていたのも多くのクラスに共通した現象であった。

　穴埋めの答え合わせののち、下の質問の答えを何人かに当てて全体に共有する。私の授業では生徒が発表した考えを黒板に書き、そのあとに括弧付で発言者の名前を書いている。クラスメイトがこのようなことを考えた、というのを意識してもらうためである。最初の質問、この歌の主人公はどんな人か、に対する答えとしてどのクラスでも最も多かったのは「オカマ」という言葉だった。次いで「オネエ」「ゲイ」「ホモ」などの言葉を書いた生徒もおり、LGBTに関する認識はまだ乏しいことがうかがえた。ただ各クラスで数人は「性同一性障害」という言葉を出す生徒もいた。2

つめ３つめの質問に関しては、おおよそどの生徒も的確な答えを書けていた。

　　その後、LGBT という言葉の意味などを板書し、ノートに取らせる。

　　この時、説明の中で LGBT それぞれのカテゴリでカミングアウトしている有名人の写真を紹介した。レズビアンをカミングアウトしている有名人は少ないが、東小雪さんをとり上げ、彼女が 2013 年に東京ディズニーリゾートで同性結婚式を挙げた初めての人であることを紹介した。ゲイのカテゴリではマツコデラックスさん、バイセクシュアルはレディー・ガガさん、トランスジェンダーははるな愛さんを紹介した。「この人もそうだよね？」という声は各クラスで挙がったが、「確実に自分でカミングアウトしている人か、噂レベルのものかをよく調べてみてね」、と回答した。

　　また、「レズ」という略し方や「ホモ」という言葉は、当事者の人が嫌う言い方であること、また人口の３〜５％というのはクラスに１〜２人いる計算になることなどを補足した。

　　これから数時間にわたり LGBT の学習をしていくことを確認した。

・第２時＜LGBT の理解＞

　　まず、「性の三要素」を考えさせるプリントを配布した。

○性の三要素
単純に男か女か決まるものではなく、以下の３つを基準とする。
　　　　　　　　☆生物学的性（カラダの性）
　　　　　　　　☆性自認（ココロの性）　←その人の性を決める基準
　　　　　　　　☆性的指向（スキになる性）

ではまず、自分の「性」について考えてみよう（○はつけないで頭の中で考えてみよう）

生物学的性（カラダの性）　　　　　　♂・・・・・・・・・・♀
性自認（ココロの性）　　　　　　　　♂・・・・・・・・・・♀
性的指向（スキになる性）　　　　　　♂・・・・・・・・・・♀

では LGBT の人はそれぞれどのようなタイプなのだろうか。

★ Lesbian
生物学的性（カラダの性）　　　　　　♂・・・・・・・・・・♀
性自認（ココロの性）　　　　　　　　♂・・・・・・・・・・♀
性的指向（スキになる性）　　　　　　♂・・・・・・・・・・♀
★ Gay
生物学的性（カラダの性）　　　　　　♂・・・・・・・・・・♀
性自認（ココロの性）　　　　　　　　♂・・・・・・・・・・♀
性的指向（スキになる性）　　　　　　♂・・・・・・・・・・♀
★ Bisexual
生物学的性（カラダの性）　　　　　　♂・・・・・・・・・・♀
性自認（ココロの性）　　　　　　　　♂・・・・・・・・・・♀
性的指向（スキになる性）　　　　　　♂・・・・・・・・・・♀
または
生物学的性（カラダの性）　　　　　　♂・・・・・・・・・・♀
性自認（ココロの性）　　　　　　　　♂・・・・・・・・・・♀
性的指向（スキになる性）　　　　　　♂・・・・・・・・・・♀

```
★ Transgender
　生物学的性（カラダの性）　　　　　♂・・・・・・・・・♀
　性自認（ココロの性）　　　　　　　♂・・・・・・・・・♀
　性的指向（スキになる性）　　　　　♂・・・・・・・・・♀
または
　生物学的性（カラダの性）　　　　　♂・・・・・・・・・♀
　性自認（ココロの性）　　　　　　　♂・・・・・・・・・♀
　性的指向（スキになる性）　　　　　♂・・・・・・・・・♀
または
　生物学的性（カラダの性）　　　　　♂・・・・・・・・・♀
　性自認（ココロの性）　　　　　　　♂・・・・・・・・・♀
　性的指向（スキになる性）　　　　　♂・・・・・・・・・♀
または
　生物学的性（カラダの性）　　　　　♂・・・・・・・・・♀
　性自認（ココロの性）　　　　　　　♂・・・・・・・・・♀
　性的指向（スキになる性）　　　　　♂・・・・・・・・・♀
※本当は Transgender に関してもっと細分化することもできる。

※考えてみよう
・「指向」という漢字
・完全にどちらかに決まらない場合もあるだろうか。
```

　性というのは男か女かの２択である、という認識が支配的であるが、実は様々なパターンがあるのだ、ということをつかませるのが本時のねらいである。ここでは関連本で提唱されている「生物学的性／性自認／性的指向」という三要素を取り上げて解説した。特に「性的指向」に関しては、「指向」という漢字を使うことが重要で、「志向」や「嗜好」など、自ら進んでそれを選んだという意味ではなく、持って生まれた性質としてそうなっているのだ、という点を強調した。

　まず最初に自分の性の三要素を考えさせたが、この段階で自分のことについては書かなくてよい、という配慮をした。それはとりもなおさずこの中に LGBT 当事者がいるかもしれないという観点からである。多くの生徒は「♂／♂／♀」あるいは「♀／♀／♂」となるだろうことを確認したうえで、それでは LGBT の人たちはどのようになっているか考えてみよう、という流れを作った。答え合わせをしたところ、ほとんどの生徒がきちんと認識できていたようである。ただし、私の認識不足でトランスジェンダーの場合も性的指向が両方にわたることもある（トランスジェンダーかつバイセクシュアル）という視点がこの授業時には欠けており、のちほど訂正を行った。また、さらに言えば性的指向そのものがない「アセクシュアル」と呼ばれる人たちもセクシュアル・マイノリティとして一定数いることもここでは説明しなかった。ひとまず「LGBT」という４つを重点的に確認することにとどめた形だが、最近は LGBT の認識の広がりとともにインターセックス（Intersex、性分化疾患）も含めて「LGBTI」と言ったり、クィア（Queer）というセクシュアル・マイノリティを包括的にとらえる概念を取り入れて「LGBTQ」という言葉も使われつつある。

　プリントで「♂」と「♀」の間に「・・・・・・・・・」を入れたのは、完全にどちらかに決まらず、性のあり方はグラデーションのようになっていることを示すためである。たとえばバイセクシュアルの場合、多くの生徒は両者の間の所に○をつけたが（♂♀両方に○をつける生徒もいたが）、バイセクシュアルの人が完全に男女同じ割合で好きになるかどうかは個人差があり、異性愛者であっても、同性愛の気質が全くないわけではないこともある。さらに近年では性の要素として四要素目「性役割／性表現」を

加える考え方もある。そのように考えると、性のあり方は二者択一ではなく、無限に存在するのだ、ということを理解させる授業となった。

　この授業ではさらに、最後10分くらいを使って、石川大我『ゲイのボクから伝えたい「好き」の？(ハテナ)がわかる本──みんなが知らないLGBT』（太郎次郎社エディタス、2011年）に掲載されている「もやもやスッキリLGBTクイズ」にとりくませました。まだこのテーマをとり上げて2時間ではあったが、だいぶ生徒の認識は向上してきた様子がつかめた。

・第3時＜LGBTへの共感＞

　1・2時間目でLGBTの知識・理解がすすんだことから、3時間目は実際に当事者がどんな思いをしているか、という点に思いを至らせる道筋を作った。そしてさらにちょうどこの授業をやる頃、2015年2月12日の記者会見で渋谷区長が同性カップルに対して結婚相当の証明書を発行する考えを示した。授業前に新聞記事を紹介し、今まさに現実的話題となっていることを実感させることができたのは、偶然とはいえこの授業の大きな助けとなった。

　このアクティビティでは、いかに他者の状況を想像することができるか、という力が求められる。生徒が出したおもな意見は以下のとおり。

《生きづらさ》	
・レズビアン	ゲイよりも知られていない / 趣味だと思われそう / 銭湯や更衣室でつらそう / 女子トークについていけなそう
・ゲイ	レズビアンよりも気持ち悪がられる（女子同士が手をつないで歩くのと男子同士が手をつないで歩くのは絶対に扱いが違う）/ ネタにされて笑われることが多い / 病気持ちと思われる
・バイセクシュアル	同性愛よりもさらに知られていない / 軽い人といわれそう / 同性愛の人からも異性愛の人からも共感されづらい
・トランスジェンダー	自分がどっちなのか悩む / 履歴書とかの性別欄をどう書くか / 戸籍などの問題が複雑 / 手術をどうするか
・LGBT共通のもの	理解されていない / 異性愛中心の社会

　これらをもとに、座席のまとまりごとにグループを作り共有する作業を行った。クラスメイトの新たな視点に気づき、非常に盛り上がっていた。解決策についてもグループで話し合うことにしていたが、生きづらさの共有に時間がかかり、そこまで行けなかったグループも多かったのと、なかなか解決策が浮かばない生徒が多かった。解決策の主なものは以下のとおり。

《解決策》	
・レズビアン	レズビアンの有名人などがテレビに出る
・ゲイ	テレビ局が考え直してゲイの人の扱いをよくする
・バイセクシュアル	レディー・ガガさんなどが世界中にPR
・トランスジェンダー	男女別のものなどを工夫する / 日本でも手術ができやすくする
・LGBT共通のもの	理解をすすめる

　難しい中でもおおよそ多くの生徒がLGBT共通の解決策として「理解をすすめる」という内容を書いたのはこの授業全体のテーマに照らして非常に意義深いことだったと思う。その後、私からLGBTの人が生きやすい社会というのはLGBT以外の人も生きやすい社会になるであろうこと、またそうでなければならないことを「公共の福祉」という観点から少し説明し、マイノリティの権利保障全体の理念を確認した。また、「幸福・正義・公正」というのが新学習指導要領で現代社会の大きなテーマであることを紹介し、この授業を終えた。

実践事例 6

高校におけるLGBTに関する授業実践
―公民科の観点から

テーマ
性の教育

校種
高

教科
公民科

　グループワークが楽しいと感じた生徒も多いようで、授業が終わった後も近くの友だちとこの話題を話しているクラスも多く、その中で私も少し混ざって話したなかで印象的だったことを2つ挙げる。
　1つは、ゲイとレズビアンの印象の差である。ゲイのほうがテレビ等で圧倒的に見る機会が多いのに、実際問題レズビアンよりも受け入れられづらいのはどうしてだろうか？というものである。ゲイはテレビタレントのみならず、ファンも多いBL（ボーイズラブ）と呼ばれるジャンルの小説や漫画も広まっているのになぜだろうねえ、という話題で盛り上がった。結論は出ていないが、私もこれから考えていきたい。
　また、ある生徒が授業後に私のところにきて話してくれた。「LGBTの人は恋愛するのに母数がとても少ないはず（たとえばゲイであれば相手が異性愛の男性だと成立しない）なのだから、LGBTの人で恋愛している人ってものすごく貴重で幸せなことだよね」と。「俺なんて同性愛じゃないのに彼女できないんだぜ、うらやましいなあー」と笑顔で話してくれた。おそらくLBGTについていろいろな方面から考える中で自分なりにつかんだ思いだったのであろう。そのような「気づき」が多くの生徒に芽生えたことをうれしく思った（もちろん実際は恋愛の相手をもつLGBT当事者ばかりではないわけだが）。

・第4時＜世界のLGBT事情についての調べ学習＞
　この時間は世界に目をむけてLGBTのテーマを考える調べ学習を行った。まず導入として「同性婚が初めて認められた国はどこでしょう？」と「2014年のソチオリンピック開会式に欧米各国の首脳が欠席した理由はなんでしょう？」という2つのクイズを出して考えさせた。そしてそのクイズの答えを含めてプリントにある問題を調べてみましょう、という流れを作った。
　LGBTにかかわる政策としてやはり避けて通れないのが結婚に関するものである。欧米を中心に同性婚は広がりつつあるが、同性愛という理由で罰せられ、最高刑が死刑という国も一方ではある（参考：P82～83、特定非営利活動法人　虹色ダイバーシティ制作「性的指向に関する世界地図」）。3時間目に触れた渋谷区のニュースも生徒には強く印象に残っていたようで（アメリカの連邦最高裁が同性婚を認める判決を出したのはこの授業の後、2015年6月26日のことであった）、多くのグループが熱心に調べをすすめた。最後の感想欄には日本の同性婚の在り方について考えを書く生徒も多かった。

・第5時＜身近な問題としてのLGBT＞
　世界に目をむけたあとは、最終的に自分の身近に問題意識の視点を戻したいという思いから授業内容を検討し、2015年2月9日から2月15日まで、バレンタイン期間にあわせて新宿のギャラリーで開催された「"好き"に変はない展」（http://sukiten.jp/index_ja.html）の出展作品がWeb上で閲覧できることを知り、これを使ってみようと考えた。
　出展作品は、高校生ぐらいと思われる人物の様々な写真と共に、LGBTに関する示唆的なコピーがついたものが16作品あり、どれもなるほどと感心したり、はっとさせられたりするものばかりであった。著作権の観点からこの場での掲載は割愛するが、授業のしめくくりに生徒が実感をもってこの問題をとらえるにふさわしい題材になったと思う。

・学年末考査＜LGBTに対する自分の考えの表明＞
　私の授業の考査ではたびたび自分の考えを書かせる論述問題を取り入れている。文章を書くことが非常に苦手な生徒も多く、毎回苦労しているようだが、本来の意味での論

述（理論だてて書く）よりも、文章の形式はどうあれなんとか自分の考えを表明させることに主眼を置いている。授業で学んだことに加えてなるべく豊富な資料を用意し、そこから湧きあがる「考え」に期待をしている。

どの生徒の「作品」も、自分なりに精いっぱい考えて書いたあとが窺え、少しずつでも「自分の考えをもつ」ことの大切さや楽しさをこの授業でつかんでくれたのではないかと自負している。それらの「作品」はコピーして保管してあるが、それはそれを書いた自身と授業者である私という関係性の中で書かれたものであると思い、この場での紹介は控えることとしたい。なかには赤裸々な自身の人間関係の悩みや、家族関係の苦悩などが表明されたものもあった。言ってみればただの定期考査で、当たり障りのないことを書いても点数には変わりない（むしろ当たり障りないほうが点数が高いかもしれない）という中で、敢えて私にむけていろいろな思いをつづってくれた生徒たちには本当に感謝をしたい。

3．授業実践を終えて

このテーマを前々から温めてはいたが、やはり実践にあたっては苦労も多かった。まだまだ実践例が多くないであろうテーマであることから、資料収集には多くの時間を費やした。さまざまな団体の力で当事者による出張授業などの事例は比較的広がってきているようだが、私は LGBT 当事者ではないことから、それをそのままコピーするような形にはしたくないし、すべきでないと思った。また、保健や家庭科の授業ではなく、公民科の授業としてなにができるか？という視点にもこだわってきたつもりである。

私は常々、授業を作るうえで、手段が目的に先行してはならないと肝に銘じてきた。昨今様々な形態の授業が提唱され、グループワークや ICT 機器の活用、アクティブラーニングなどの実践例は多い。しかしそれはあくまでも「何を伝えたいか」という目的が最初にあって、それを達成するために適したスタイルをとるべきである。その面で今回の実践では「LGBT を伝える」という目的のために、手段を検討した結果として、さまざまな形態をとることになった。

しかし授業をすすめていくにつれ、そして最後の定期考査の答案を読みながら改めて気づいたことがある。それは「LGBT を伝える」という私が目的だと認識していたことも、大きな視点でいえば「誰もが住みよい社会を作る」「よりよく自分の人生を生きる」という「目的」からみた一手段であったということだ。そして実は生徒はそれを見抜いた上で、自分の問題としていろいろなことを考え、つかむことができたのではないかと。

今回の実践では、社会の認知度が少しずつすすんできたこととちょうどシンクロした形で授業をすすめることができたことが大変な幸運であった。これからもさらに改良を加えながら実践をすすめていきたいと思っているが、私の授業を社会の認知度が追い越すようであってほしいと切に願う。また、暗中模索しながらのこのような授業を受け入れてくれ、多くの学びと気づきを私に与えてくれた生徒たちに最大級の感謝を送りたいと思う。

実践事例 6

テーマ
性の教育

校種
高

教科
公民科

高校におけるLGBTに関する授業実践
―公民科の観点から

Comment

　LGBTに関する授業は、知識を学習することに終わらず、少数者の人権を考え、自分自身の人権を守り、よりよく生きていくための授業であるともいえます。性的マイノリティの人びとの生きづらさは、当事者が解決すべきものではなく、社会が「理解をすすめる」必要があることについて、生徒から提案された点も印象的でした。この授業で学んだ生徒たちは、自分自身の生き様と重ね合わせ、これからどう生きるのかを考えるきっかけを得たのではないでしょうか。

　高等学校の公民科での授業実践ではありますが、小学校高学年から中学校の授業でも十分アレンジしてつかうことができます。社会・音楽・国語・保健体育・総合的な学習の時間・道徳などの中で、それぞれのねらいに合う形で実践を広げ、深めていきましょう。

　苦労して資料を集め、吟味して授業づくりをしていく熱意は、必ず児童生徒に伝わっていくと思います。

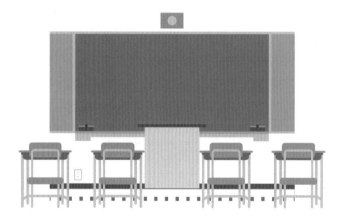

1. はじめに

　本校は、4つの中学校が統合してできた新設校である。子どもたちは、一番遠いところで30～40分かけてスクールバスで登校している。比較的、仲間を思いやることのできる子どもたちが多いととらえている。生徒会長のAは、体育祭のあいさつのなかで次のように訴えた。

> 他の人のペースについていくことが難しかったり、苦手なことだったり、多かれ少なかれ誰もが何らかの「困り」をもっているが、みんな「人」として同じであり、工夫し、支え合い、協力すればきっとみんなで超えていける。違うから排除するのではなく、同じ「人」として支え合ったり協力し合ったりすれば、みんなが過ごしやすい良い環境になるのではないか。どうやったら皆で参加できるかを常に考えるようになった。

　そして、全校でいろいろな立場の仲間について考えるきっかけを作っていった。教職員も、子ども間のトラブルや問題発言などで指導をする際に、人権を子どもと学び合う機会ととらえ、学級経営や生徒会運営に活かしてきた。しかしながら、新入生が毎年入学し、私たち教職員も入れ替わるため、新しく来た教職員とともに学習を継続し、人権感覚を高めていかなければならないと考えている。

2. 生徒会のとりくみについて

（1）とりくみについて
①人権集会のはじまり
　生徒会執行部は、「いじめゼロ」を目標に活動を始めていた。そんな矢先、図書館に飾っていた七夕飾りの短冊の裏に、個人を攻撃する悪質ないたずら書きが見つかった。このことを重く受け止め、緊急生徒集会を開き、訴えかけた。そして、いじめゼロ宣言を一人ひとりが紙に書き、いじめゼロの木として掲示し、生徒全員で意志を確認し合った。様々な人権について学べるようにと人権集会を毎月1回もつように計画した。

②社会に対する怒りの作文　LGBT
　国語科の授業のとりくみで、校内弁論大会の意見文を書いている。ある子どもがLGBTについての作文を書いてきた。「同性婚の話題がきっかけで、LGBTについての社会格差や差別を知り、私たち一人ひとりがわかろうとする気持ちをもち、受け入れることで、その人たちが苦しみから逃れられるのではないか。人と人との結びつきは様々であることをこの意見文によって皆さんが考えるきっかけとしてほしい」という内容のものだった。11月の第3回人権集会の中で、子ども自らが読んで紹介するよう支援した。全校の子どもたちは、同じ年頃の子どもの考えを関心をもって聞いていた。そして、この集会をきっかけにLGBTへの理解が子どもたちの中に浸透していった。

実践事例 7

差別を見抜き、ともにつながり、生きていく力を育てる
―生徒会・学校行事の中でのとりくみ―

テーマ
性の教育
人権教育

校種
中

教科
特別活動

③合唱祭でのできごと

　入学式・卒業式・合唱祭などの行事の際に必要なのがひな壇の設置である。以前から気になっていたのが、男性教諭が言う「○年男子集合！」という台詞である。そこで、職員会議でひな壇を設置するときは、なるべく班などで役割分担をし、女子にもチャンスを与えて欲しいと伝えたところ、それ以降はそのような声は聞かなくなった。女子生徒にも「力仕事＝男子」という感覚はもって欲しくない。できる力仕事はするのが当たり前であることを自覚して欲しかった。

　合唱と言えば、男子は「低音パート」女子は「高音パート」に分かれて歌うものだと思っているのが普通であろう。しかし、以前に公のコンクールで、高音を出せる男子が女子に混じって歌っている姿を見たことがある。男子であっても素晴らしい声の資質を生かせるように「高音パート」で堂々と歌える時代になったのかとその時に思った記憶がある。本校でも変声が起こっていない男子２人が「高音パート」で歌っていた。授業中にパート分けし、「声の高さは様々で、個人差があるから、はずかしくないことなんだよ。ボーイソプラノは、とてもきれいな声なんだよ」と説明をしていたが、女子に混じって歌うことがとても嫌そうで、暗い表情だったけれども、最終的には本人がソプラノパートを選択して歌っていた。合唱祭当日、「私は変声が遅く、低音パートが歌いづらくて大変な思いをしていた経験があるが、今日、男子２人が高音パートで堂々と歌っている姿を見て、とても素晴らしいと思った」という審査員の講評があった。全校生徒の前で褒められたその男子たちは、その後の合唱では自信をもって「高音パート」の中で歌うようになった。

　価値観というものは、子どもたちにかかわる人の言動によって作られることを実感した。私たち大人がどのような価値観をもって子どもたちに接するかで子どもが価値観を変えるきっかけをつかむことがある。まして、教育現場では、なおさらである。子ども自身の良さを発揮できるように、自分の個性を大切にする価値観を身につけていって欲しいと思った。

④ピンクシャツデー

　本校では、人権等に関するとりくみを生徒会文化委員会という専門委員会が受け持っている。生徒会執行部がこれまでのとりくみを引き継ぎ、年度最後の人権集会として「ピンクシャツデー」と、人権劇「さよなら、僕の右手」にとりくんだ。規模が大きい集会となり、保護者にも参観をよびかけた。

　ピンクシャツデーは、カナダの学生がピンクのシャツを着て登校した際に「ゲイ」だと言われ、いじめられたことがきっかけでつくられた。ピンク＝ゲイという捉え方のおかしさを感じた他の学生２人が、50枚のピンクのシャツを友人・知人に配り身につけてもらい、抗議の意味をこめて翌日登校した。この行動に賛同した他の多くの学生もピンクのシャツ等を身につけて登校し、学校中がピンク色に染まりいじめが自然となくなったというエピソードが始まりである。SNSで世界中に広がり、現在では70か国以上の国で活動が行われている（具体的には２月の最終水曜日）。この行動に合わせて、本校でも、文化委員会が賛同者を募り、ステージでピンクシャツを着てダンスを踊るメンバーを募集したところ、数十人の生徒が集まった。ダンスが得意な生徒が中心となり、放課後の時間を使って振り付けし、練習をした。また、文化委員会担当教員が中心になって計画し、各クラスでTV放映された「ピンクシャツデー」のVTR視聴と合わせて、プリントによる事前学習を行った。

　当日（２月24日）には、とりくみに賛同する子どもたちはピンクのバンダナ（生徒会から配布）を身に着けて過ごすことが許可され、校内のあちこちでピンクのバンダナ

を身に着けて歩く姿が見られた。そして、「ピンク＝ゲイ」は、偏見であり、差別であることを確認した。

　人権集会は、「全校の子どもたちの差別や偏見をなくしていこう」というダンスに始まり、「さよなら、僕の右手」という命の大切さを訴えかけた劇、最後は文化委員長の提案で「いじめ撲滅宣言」を採択し、幕を閉じた。

（2）その後のとりくみ

　1年間かけてとりくんだ人権集会は、文化委員会の主催する活動として位置づけられ、毎年生徒総会で承認され、継続している。性の多様性についての講演を、大住珊士さん（LGBT当事者）を講師に招いて実施した。性の多様性に関する話をわかりやすく話していただき、生徒も興味深く聞いていた。ピンクシャツデーは、ピンクのものを身に着ける期間を1週間に設定するなど、工夫しながら続けている。

（3）まとめ

　中学校現場でスムーズに、組織的に男女平等教育を推進するためには、まずは、自分自身が推進の中心となるポジションにいることが重要だと感じている。そして、各担当との連携も欠かせない。運営委員会で提案しても、教職員の理解が得られなければ企画が通らず、研修の実施も難しい。また、中学校現場は男性教職員が多いため、女性参画やジェンダーの視点が入りにくく、組織的なとりくみもとても難しい。加えて若い教職員の人権に関する学習の場が不十分であると考えられる。だからこそ、このような手立てで教職員研修を通して全員で学習することができれば、多様な性の問題について考えるきっかけができ、授業実践や生徒会活動へ結び付けやすくなる。そして、それは、子どもたちが多様な性について学ぶ場に繋がっていると考えている。

3．終わりに

　落書き事件をきっかけに、生徒会を中心に月1回の人権集会を企画・運営することとなった。そこには、豊かな人権感覚をもち行動することの大切さを理解している子どもたちと教職員がいた。それを牽引したのは、長年「両性の自立と平等をめざす教育」の研究・推進に関わってきた者たちである。セクシュアル・マイノリティの人権を考えることは、一人ひとりの、そして自分の性について考えることである。「一人ひとりのちがいを大切にすること」「自分らしく生きること」「仲間とともに差別に立ち向かう行動」を生徒会長から問題提起し、人権劇として行動化をモデリングし、ピンクのバンダナを全校に配布することで、社会が変わっていく活動に参加させる。一人の人権を考える行動がしだいに広がっていく姿を作り出している。子どもたちは、目には見えない「だれか」の性を、「友だち」の性として、そして「自分」の性として考えていく素地を耕したことだろう。ここで学んだことが広がっていくことを期待している。

実践事例 7

差別を見抜き、ともにつながり、生きていく力を育てる
―生徒会・学校行事の中でのとりくみ―

テーマ
性の教育
人権教育

校種
中

教科
特別活動

Comment

　生徒会活動・学校行事の中で性について考える実践でした。ピンクシャツデーなど生徒が楽しみながら生き生きと活動し、主体的に問題を考えて行事をすすめていくことができた実践となっています。
　特別活動においては、授業と違い教職員が知識の伝達を含め、どれだけかかわっていくかが学校や校種によって大きく変わってくるかと思います。また、生徒同士のトラブルにも留意する必要があるかもしれません。いずれにせよ、授業だけではない学校全体の「学び」をぜひ様々な場面で広げていきたいものですね。

column
保健室から伝えたい 今学校で求められていること

心臓検診で身を縮めていたＡ

Ａは中学校１年生で、戸籍上男子である。運動が苦手で、絵を描くのが得意である。Ａ以外は女子しかいない美術部へ入部したが、女子の友だちの方が多いＡはすぐに溶け込んだ。Ａは普段から少し長い髪を好み、前髪で目元が見えにくいこともしばしばであった。休み時間にトイレに行くことを嫌い、授業中にトイレに行くことが多かった。他に、季節に関わらずいつもマスクをつけていた。人前で話すのは得意ではなく、小声で、口元に手を当てて話す動作が特徴的な生徒だと、担任は話していた。

春の健康診断が始まった。心臓検診の当日、私は検査室に入った男子生徒たちに「自分の前の人が始まったら、次の人は上半身裸になって椅子に座って待つこと」と指示を出した。しかし、順番が来たＡを見て、私ははっとした。Ａは指示通りに上半身裸になったものの、脱いだ体操着のＴシャツで胸を隠し、頭を下げて身を縮めるようにして、椅子に座って待っていたのであった。Ａにとっては、他の男子生徒の前で上半身裸にされて待たされるのは、苦痛に他ならなかった。

その後、教職員間で運動会の種目検討を始める時期になり、それまで学校で伝統的に行っていた男子の棒倒しについての話題になった。棒倒しは、男子は上半身裸になって実施する。私はふとＡの顔が浮かび、心臓検診でのＡの件を会議で話した。他の教職員は少し驚いた様子だったが、けがやトラブルなどの防止も含めて、棒倒しはその年に中止となった。私はＡのことを考えながら、少しほっとした。

３年生になるまで、Ａは保健室を訪れることはほとんどなかった。宿泊行事や教育相談の場など、担任や私が「何か困っていることはないか」等と尋ねても、Ａは決まって「大丈夫です」と口数少なく答えた。

そのようなＡが初めて自分から保健室に来室したのは、３年生の夏休み明け、運動会練習のさなかであった。Ａは、大玉送りや綱引きの練習では他の男子生徒との距離が近く、（「もっと詰めろ！」と応援団に指示さ

れ）手や足が自分に当たり、その近さに耐えられず気持ちが悪くなるのだと言った。その後、運動会練習のたびに体調不良を訴えて毎回来室するようになったＡは、堰を切ったように語り始めた。元々運動は苦手で、他の生徒との接触がある運動会は最も嫌いな行事で、今年は我慢の限界に達したそうだ。他の生徒よりもパーソナルスペースが広く必要なのだということがＡの話からわかった。私は担任や学年主任と相談し、（Ａが申し出た競技は）応援席で見学可ということに決まり、Ａの保健室来室は一旦落ち着いた。イラストが得意なＡはなんとパネル長に立候補しており、私は「Ａはパネル長としてもう十分に頑張っている。競技は得意な人に任せて、やれるところだけやろう」と声をかけた。Ａは「ありがとうございます」と小さくつぶやき、下を向いて頷いた。

Ａは運動会が終わってからも時折来室し、その後幻聴等の精神症状に悩まされていることが分かった。別室登校を選び、スクールカウンセラーとの面談を経て、心療内科受診へとつながった。私は、Ａが抱える集団生活での苦しさ（そこには性別違和も含まれるかもしれない）が環境の中で抑圧され、二次障害を引き起こしてしまったのかもしれないと心苦しく感じていた。

卒業後、Ａは市外の私立単位制高校へ進学した。週１、２回登校してイラストを専門的に学ぶコースにやりがいを感じ、新生活を頑張っている。Ａとの関わりから、学校の中ではたとえ声があげられなくても苦しい思いをしている子どもがいることを学んだ。本人にとって抑圧されたストレス状況が続けば、身体や精神に異常を引き起こす状況もあるだろう。私たち教職員は子どもの隠れた本当の声に耳を傾けないといけない。私は、Ａの中にある「新しい環境で、自分のやりたいことを学びたい」という力の大きさに胸を打たれた。と同時に、Ａの苦しさにきちんと向き合ってこれなかったことを申し訳なく感じた。

column
保健室から伝えたい 今学校で求められていること

「スカートを履くたびに吐き気がしていた」と言ったB

Bは中学校3年生で、戸籍上女子である。やせ形で、髪は短く、ボーイッシュな印象のBは、入学後しばらくして部活動で人間関係のトラブルを抱えてから、1年生の終わり頃にはどの部にも所属していなかった。仲のよい女子の友だちはいるが、集団が苦手で、一人になりたい気持ちになると、2年生のころからトイレの個室にこもるということを繰り返していた。一度トイレにこもると、友だちも、教職員の呼びかけにも無反応で、時には3時間近くこもることもあった。Bに聞くと、「トイレが一番落ち着く」ということで、他のトイレと独立している保健室内のトイレはBのお気に入りらしく、「また出てこなくなったらどうしよう」という私の心配をよそに、Bは度々利用していた。

ある日、Bがいつものように「教室に行きたくない」と保健室に登校した。保健室には、何冊かの本を置いており、生徒が自由に読んでよいことにしている。Bは、私が置いていたLGBT関連の本を手に取り、興味を示した。しばらく本を読んだ後、Bはソファに座ったまま顔を私に向け、「先生、わたしこれです」と話した。Bはその後、来室時に自分の性への違和感をポツポツと話し始めた。Bは兄が二人いるのだが、自分も兄たちのように男として産まれたかったこと、制服のスカートが嫌で、毎朝スカートを履くたびに吐き気がしていたこと、私服ではパンツしか履かず、服の色も黒が多く、スカートはあり得ないこと、休日に友人と買い物に出かけても、皆はつけまつげをつける等、おしゃれに熱心だが、自分は化粧は絶対にしないことなどを話した。私が「今も制服のスカートを履きたくないの?」と聞くと、Bは「でももう慣れました。このままでいいです」と、さらっとした調子で答えた。Bの話では、休み時間の女子トイレは非常に混んでいて騒がしいこと、友だちは皆鏡の前で容姿を整えるのに熱心で、会話はもっぱら気になる男子生徒のことが中心であり、自分はそれがウザいのだ、と言うことであった。Bは小学校時代から性別違和を感じていたが、女性としての自分を受容(もしくは諦め?)できているところもあるようで、違和の程度はあまり強くないのかもしれない。Bに他の学校生活についても尋ねたが、特に配慮は必要ない、という答えだった。

さらにBは、保健室にBを迎えに来室した友だちにもLGBTの本を見せ、「わたし、これだよ」と説明をしていた。友だちは「ふーん、そうなん?」と落ち着いてBの話を聞いていた。友だちは、Bの他の女子とは違う雰囲気を小学校時代から感じ取っていたからかもしれない。保健室での会話は別の話題に流れ、Bの性への違和感については、B自身もその後話題にすることは無かった。

Bは担任と折り合いが悪く、その後も卒業まで度々保健室に逃げ込むようなことがあった。担任と私はBについて頻繁に話し合っており、対応ルールを決めて動いていた。担任に保健室でのBの性別違和の様子を伝えると、「3年間見てきたけど初めて聞いた」と驚いた様子であった。Bは保健室ではあっけらかんとしてよく話すが、教室で見せていた姿は違っていたのである。Bは家庭環境も厳しく、両親に自分の素直な気持ちを話したり、家でリラックスしたりということができない状況であった。特に母親とは、同じ家の中にいても、スマートフォンのLINEを使って会話をしているような状況であった。家庭でも学校でも本来の自分を出せずに無理して過ごしていたのだろう。

Bは卒業後、市外の私立単位制高校に進学し、毎日休まず通学しているという。保健室に遊びに来たBの友だちの話では、彼氏もでき、楽しく過ごしているということであった。そのことを聞いた時は少し驚いたが、Bの性のあり方はB独自のものであるし、流動的なものであるかもしれない。Bがありのままの自分を受け入れて今後も生活できることを願っている。

column
保健室から伝えたい 今学校で求められていること

「ぼく、女の子になりたいんです」と言ったC

　Cは高校1年生で、戸籍上男子である。色白で小柄なCは繊細な印象で、クラスにもそこまで仲の良い友だちがいないようであった。家庭の経済状況が厳しく、アルバイトをするも、体力が続かず、苦労している様子であった。Cは入学後しばらくして、昼休みを保健室で過ごしたがるようになった。当時私は定時制高校（昼間部）の保健室に養護講師として勤務しており、保健室は2人体制であった。Cは弁当を教室で食べ終わるとすぐに保健室に来た。2人の保健室の養護教員とCの3人で、よく話をした。

　そのようなCが、ある日急に、「先生、ぼく、高校を卒業したら、してみたいことがあるんです。それは、髪を長くしたいんです」と遠慮がちに話し始めた。そしてCは、髪の長さだけでなく、「ぼく、いつか女の子になりたいんです」と語った。Cは、ずっと以前から女性になりたいと感じていたこと、そんな自分でも、女性になって働けるように、卒業後は新宿へ行って、ニューハーフとなって働きたいこと、性別適合手術についても強い関心をもっていることを語った。私たち養護教員は、Cの話を聞いて大変驚いたが、「そうだったんだ、よく話してくれたね。そんな風に感じていたんだね」と受け止めた。その後、他の保健室を利用する多くの生徒の一人として、Cが高校生活を続けられるように保健室で関わっていった。それからもCとは何度も話したが、Cは自分が女性として生きていくには、都会に行って水商売をするしかない、と強く思い込んでいる様子であった。しかし私は、Cの思いを受容的に受け止めることしかできなかった。私は程なくしてその学校での勤務を終え、Cとその後関わることはできなかった。

　しかし、今Cのことを思うと、もっとCと関われることがあったのではないか、と感じている。Cの周囲には、おそらくLGBT当事者がいなかったであろう。生き方のモデルが周囲に少ないLGBTは、テレビやインターネットに溢れる限定された情報しか得られない、と多くの当事者や研究者が述べている。そのような限定された情報の中で、Cは自分らしく生きるためにはこの方法しかない、と思い込んでいたのであろう。Cに、正しい情報を発信しているインターネットサイトがあること、生まれ育った地元でも自分らしく生きているLGBT当事者がいること、カミングアウトしても受け入れてくれる一般企業も（少しずつではあるが）増えつつある、ということを、今の私だったら伝えたいと思う。もし今後、CのようなLGBTの子どもと出会ったとき、その子がその子らしい生き方を選択できるように、進路の問題も含めて一緒に考えていける教職員でありたいと願っている。

column
保健室から伝えたい 今学校で求められていること

「私、レズビアンなんです」と語ったD

Dは中学校3年生の女子である。吹奏楽部の活動に熱心で物静かな印象だ。大勢のクラスメイトと盛り上がるよりは自分の世界に浸ることを好むタイプの生徒である。部活動仲間の間では、「Dの取り扱い説明書」があるのだ、とDの友人が保健室でいたずらっぽく笑いながら教えてくれたこともあった。Dは1年時から月1回ほどは体調不良で来室していた。

ある昼休み、「ここにいてもいいですか」とDが遠慮がちに来室してきた。保健室に置いてあったLGBT関連の本をゆっくりと手に取り、Dは読み始めた。それから連日、昼休みになるとすぐに来室して、DはLGBTの本を読み続けた。いつ声をかけてみようかなと考えていた私は、Dが2冊目のLGBTの本を読み始めたのを見て「よほど興味があるんだな。もしかしたら当事者かもしれない」という思いを強くした。

そして、Dに「その本に出ているようなLGBTの人は、割とたくさんいると言われているけど、Dさんの周りにも思い当たる人がいるかな?」と聞いた。それは「あなたは当事者なの?」と聞くよりも、「あなたの周りにいますか」と聞いたほうが子どもにとって柔らかい表現になるのではないか、と考えたためであった。「はい、います」とDは即答した。そして翌日の昼休み、Dははにかみながら、しかし確かな口調で「先生、私レズビアンなんです」と切り出した。

Dは自分がレズビアンであることに確信をもっていた。小学校高学年のころから、好きになるのはいつも女子だった。今も同じクラスに大好きな女子がいる。しかし彼女は部活も違い、クラスの人気者なので自分とは接点が少なく、彼女が他の女子と話し込んでいると悔しく感じていた。「今は彼女はいないけど、前はいました」と嬉しそうに話すDを見て、他の多くの生徒の恋バナを聞くのと全く雰囲気が変わらないのだな、とレズビアンの当事者と初めて話す機会になった私は納得した。Dに困っていることはないかと尋ねると、Dは「ありません。周りの友だちも皆わかってくれているので」とあっさりと答えた。Dは以前から「女子が好き」と公言しているので、周りの友人も理解してくれており、一緒にそれぞれの恋愛話で盛り上がるなど、特に困ることはないのだそうだ。私は本などから、「周囲に言えずに苦しむ当事者」のイメージが強かったためか、拍子抜けした感じがあった。しかし、周囲の理解があれば、当事者であっても堂々と学校生活を送ることができるし、それは素晴らしいことだとDの姿を見て感じた。

Dはその後も毎日来室した。いつものようにソファの指定席に腰を掛けたDに、「何か新しいことは知れた?」と声をかけると、Dは「ネットで見ていたりしたので、だいたいわかっている内容ばかりでした」と答えた。しかしなぜ、新しく得る知識があるわけではないのに、こうして毎日保健室に本を読みに来るのだろうと最初は不思議に思っていた。もしかしたらDは保健室に「レズビアンであることも含めて、自分はここに存在している」ということを私に伝えたかったのかもしれない。また、自分を安心して表現できる居場所として保健室を選んでくれていたのかもしれない。

卒業式後、Dがくれたメッセージカードには「昼休みに保健室で過ごしたりして楽しかったです」と一言書いてあった。そのカードと、卒業式の日のDの笑顔を思い返すと、保健室が少しはDにとって心安らぐ場所になっていたのだな、としみじみ感じて嬉しさが込み上げてくる。Dとの関わりを振り返ると、やはり学校の中で本当の自分が出せる、リラックスできる場所が必要だと感じる。また、Dは「ネットでだいたい知っていた」と話していたが、インターネット上のLGBTに関連する情報として、当事者を傷つける内容や正しくない知識も多く、溢れている情報を冷静に判断し理解することは大人でも技術を要する。まして中学生であれば、その困難はなおさらであろう。そんなときに「学校に本が置いてあった」「先生が知っていた」というのは、子どもにとって安心できる知識の拠り所になるかもしれない。

コラム

⑨

リプロダクティブ・ヘルス / ライツ
（性と生殖における健康と権利）について知ろう

中学3年生の時期は、体は成熟していても精神的にはまだまだ未熟で、心と体がアンバランスな時期だといわれます。性的なことにも興味をもち、出会い系サイトで出会ったり、性的な接触を持ったり、性暴力の被害や様々な性情報にもさらされていたりする現状を考えると、心と体を大切にする性の教育をじっくり行う必要性を感じます。

性の教育では「関係性」がとりわけ重要ですが、育つ環境の中で刷り込まれてきたジェンダーや、女性差別が残る社会環境により、いまだに女性においては従順で自分で意思決定できない状況が作り出されています。そのことが女性の意に添わない性交、望まない妊娠、STD（性感染症）などを引きおこすことにつながります。ジェンダーにとらわれた間違った情報、慣習、規範、役割から子どもたちを開放し、自分と相手を尊重し、お互いの人権を守る対等な関係を具体的に学ぶことがたいせつです。

自分自身のライフスタイルを決めるのはあくまでも自分であり、きびしい現状であるからこそ、リプロダクティブ・ヘルス / ライツ（性と生殖における健康と権利）について学習を深めましょう。

たとえば、次のような授業の展開が考えられます。

学習のねらい
（1）リプロダクティブ・ヘルス / ライツ（性と生殖における健康と権利）について知る。
（2）交際相手との対等・平等な関係と性の自己決定（性行為をするか、しないか、子どもを産むか産まない
　　　かなど自分で決める）の大切さについて理解する。

指導計画
　第1次　望まない妊娠について考える。産まない選択や中絶について知る。「優生保護法」「堕胎罪」「母体保
　　　　　護法」について知る。
　第2次　対等な関係の大切さについて考える。リプロダクティブ・ヘルス / ライツの考えがなぜ出てきたのか
　　　　　を知る。
　第3次　戦前の日本の人口政策を、リプロダクティブ・ヘルス / ライツの視点で考える。
　第4次　現在の日本では、リプロダクティブ・ヘルス / ライツは保障されているのかを考える。

リプロダクティブ・ヘルス／ライツを学ぶにあたり、子どもたちにどのような資料を提示し、何を考えさせるかについては、様々議論がすすめられているところです。また、この授業は、中学1年、2年とジェンダー平等教育を積み重ねてきた後に中学3年時になって行うものです。上記授業では次のような資料を使うことが考えられます。

第2次：1990年代アジアの国の人口抑制政策をとりあげた国際人口開発会議（1994年）の議題から、リプロダ
　　　　クティブ・ヘルス / ライツの概念が生まれてきた経緯を知る。
第4次：「避妊は女性、男性どちらが主体的にとりくむのかのアンケート国際比較」「望まない妊娠についての考え
　　　　方アンケート国際比較」など、10代の中絶や売買春、性犯罪についての資料として、子どもたちの実態
　　　　を考えて授業で扱う。

リプロダクティブ・ヘルス / ライツという考え方について、教職員自身が学習を深めるとともに、子どもたちが単にリプロダクティブ・ヘルス / ライツについて知るだけにとどまることなく、現在やこれからの交際相手との対等な関係性について、自分のこととしてとらえ、考える学習となることが重要です。

交際相手との対等な関係性や性の自己決定の権利について学ぶことに加え、発展として、望まない妊娠をしないための避妊の重要性と、具体的な方法をていねいに教えることも必要ではないでしょうか。

リプロダクティブ・ヘルス / ライツを授業だけで伝えるのは不十分であり、日々の教育活動の中でことあるごとに子どもたちに伝えていく意識をもちましょう。リプロダクティブ・ヘルス / ライツの学習を通して子どもたちが人権をしっかりと守り、「自分の性及び人生は『自分のもの』」と主体的に生きていけるようとりくみをすすめていきましょう。

資　料

ジェンダー平等教育を
めぐる動き

世界の動き・日本の動き

国連の動き

ジェンダー平等実現は世界の重要課題

「世界人権宣言」採択（1948）

「女性差別撤廃条約」採択（1979）

- 第1条：「女性に対する差別」とは、性に基づく区別、排除または制限
- 第5条：男女の定型化された役割に基づく偏見や慣習、あらゆる慣行の撤廃を実現するため、男女の社会的・文化的な行動様式を改めるための適当な措置をとる。

「ILO（国際労働機関）」の関連条約

- 第100号（1951）同一価値の労働についての男女労働者に対する同一報酬に関する条約（1967 日本批准）
- 第111号（1958）雇用及び職業についての差別待遇に関する条約
- 第156号（1981）家族的責任を有する男女労働者の機会の均等及び待遇の均等に関する条約（1995 に本批准）
- 第175号（1994）パートタイム労働に関する条約
- 第183号（2000）母性保護に関する条約

「女性差別撤廃条約に関する日本の報告書に対する女性差別撤廃委員会勧告」より（2003）

- 家庭や社会における男女の役割と責任に関し、根強く、硬直的な固定的観念が持続し、労働市場における女性の状況、教育の選択、政治・公的分野への参画の低さに反映されていることに引き続き懸念を有する。
- 子育てを母親と父親双方の社会的責任とする考え方を促進することをめざすとりくみを拡大することを勧告する。
- 女性が直面している個人・家庭生活の職業・公的な責任との調和における困難に深い懸念を有する。

「第7回及び第8回日本政府報告書」に対する女性差別撤廃委員会の総括所見より（2016）

当委員会は、既存の差別的規定に関する従前の勧告が対応されていないことを残念に思う。特に以下の点を懸念する。
(a) 民法が婚姻年齢について女性と男性とで、それぞれ16歳及び18歳と異なる差別的規定を維持していること。
(b) 再婚禁止期間を6か月から100日まで短縮した最高裁判所の決定はなされたが、民法が離婚後の特定の期間において女性にのみ再婚を禁止していること。
(c) 2015年12月16日に、最高裁判所が、婚姻した夫婦が同一の氏を使用することを義務付ける民法750条の合憲性を支持したこと、これによって、しばしば女性が夫の姓を名のるよう事実上強いられること。
（日本弁護士連合会『国連女性差別撤廃委員会総括所見の活かし方と今後の課題～第7回及び第8回報告書審査を踏まえて』より）

第1回世界女性会議
（1975　メキシコシティ）
国際婦人年世界会議
・「世界行動計画」採択

第2回世界女性会議
（1980　コペンハーゲン）
「国際婦人の十年」中間年

第3回世界女性会議
（1985　ナイロビ）
「国連婦人の十年」世界会議
・「婦人の地位向上のための将来戦略」採択

「子どもの権利条約」採択（1989）

第4回世界女性会議
（1995　北京）
・「北京宣言及び行動綱領」採択

国連特別総会「女性2000年会議」
（2000　ニューヨーク）
・ミレニアム開発目標MDGs設定
目標3：ジェンダー平等推進と女性の地位向上

女性差別撤廃実施状況
第4回及び第5回報告審議
（2003）

第49回国連婦人の地位委員会
「北京+10」開催（2005　ニューヨーク）

第54回国連婦人の地位委員会
「北京+15」開催
（2010　ニューヨーク）

UN Women
「ジェンダー平等と女性のエンパワーメントのための国連機関」発足（2011）

第59回国連婦人の地位委員会
「北京+15」開催
（2015　ニューヨーク）

「持続可能な開発のための2030アジェンダ」（2015）
・SDGs（持続可能な開発目標）採択
目標5：ジェンダー平等を達成しすべての女性及び女児のエンパワーメントを図る

女性差別撤廃実施状況
第7回及び第8回報告審議
（2016）

76　資料　ジェンダー平等教育をめぐる動き

日本の動き

- 婦人問題企画推進本部設置（1975）
- ・「国内行動計画」策定（1977）
- ・「女性差別撤廃条約」署名（1979）

- ・「国内行動計画後期重点目標」策定（1981）
- ・「国籍法及び戸籍法」改正（1984）

- 「女性差別撤廃条約」批准（1985）
- 「男女雇用機会均等法」公布（1985）
- ・「労働基準法」改正（1985）

- 「西暦2000年に向けての新国内計画」策定（1987）
- ・「育児休業法」公布（1991）
- ・「短時間労働者の雇用管理の改善等に関する法律」の公布（1993）
- ・「子どもの権利条約」批准（1994）
- 高校家庭科男女必修（1994）
- ・「育児・介護休業法」への改正
- 介護休業制度の法制化（1995）
- ・IOL第156号条約批准（1995）

- ・「男女共同参画ビジョン」答申（1996）
- ・「男女共同参画2000年プラン」策定（1996）
- 「男女共同参画社会基本法」公布（1999）
- 「男女共同参画基本計画」閣議決定（2000）

- 内閣府に男女共同参画局設置（2001）
- 　「配偶者からの暴力の防止及び被害者の保護に関する法律」施行（2001）
- 　「仕事と子育ての両立支援策の方針」閣議決定（2001）
- 　「次世代育成支援対策推進法」公布（2003）施行（2005）
- 　「配偶者からの暴力の防止及び被害者の保護に関する法律」改正（2004）
- ・「育児・介護休業法」改正（2004）施行（2005）

- 「第2次男女共同参画基本計画」閣議決定（2005）
- ・「男女雇用機会均等法」改正（2006）施行（2007）
- 　「仕事と生活の調和（ワーク・ライフ・バランス）憲章」及び
- 　「仕事と生活の調和推進のための行動指針」策定（2007）
- ・「育児・介護休業法」改正（2009）施行（2010）

- 「第3次男女共同参画基本計画」閣議決定（2010）
- ・「日本再興戦略」の中核に「女性の活躍推進」が位置づけられる（2013）

- ・「女性活躍の加速のための重点方針2015」策定（以降　毎年策定）
- ・「女性活躍推進」公布（2015）完全施行（2016）
- 「第4次男女共同参画基本計画」閣議決定（2015）

- ・「育児・介護休業法」及び「男女雇用機会均等法」改正（2016）施行（2017）
- ・刑法改正（2017）
  　（強姦罪の構成要件及び法定刑の見直し等）
- ・民法改正（2018）施行（2020）
  　（成人・婚姻年齢の見直し等）
- ・「政治分野の男女共同参画推進法」公布・施行（2018）
- 　「女性活躍推進法」等改正（2019）

日本国憲法（1946　公布）

14条
（法の下の平等）
1項
　すべて国民は、法の下に平等であって、人種、信条、性別、社会的身分又は門地により、政治的、経済的又は社会的関係において、差別されない。

24条
（家族生活における個人の尊厳と両性の平等）
1項
　婚姻は、両性の合意のみに基いて成立し、夫婦が同等の権利を有することを基本として、相互の協力により、維持されなければならない。

2項
　配偶者の選択、財産権、相続、住居の選定、離婚並びに婚姻及び家族に関するその他の事項に関しては、法律は、個人の尊厳と両性の本質的平等に立脚して、制定されなければならない。

男女共同参画社会を実現するための5本の柱

- 男女の人権の尊重
- 社会における制度又は慣行についての配慮
- 政策等の立案及び決定への共同参画
- 家庭生活における活動と他の活動の両立
- 国際的協調

（2019年時点）

仕事と生活の調和が実現した社会の姿「ワーク・ライフ・バランス憲章」より

1. 就労による経済的自立が可能な社会
2. 健康で豊かな生活のための時間が確保できる社会
3. 多様な働き方・生き方が選択できる社会

女性の職業生活における活躍の推進に関する法律の概要

　自らの意思によって職業生活を営み又は営もうとする女性の個性と能力が十分に発揮されることが一層重要。このため、以下を基本原則として、女性の職業生活における活躍を推進し、豊かで活力ある社会の実現を図る。

- 女性に対する採用、昇進等の機会の積極的な提供及びその活用と、性別による固定的役割分担等を反映した職場慣行が及ぼす影響への配慮が行われること
- 職場生活と家庭生活との両立を図るために必要な環境の整備により、職業生活と家庭生活との円滑かつ継続的な両立を可能にすること
- 女性の職業生活と家庭生活の両立に関し、本人の意思が尊重されるべきこと

多様性を排除しない社会にむけて　77

行政が関与する性犯罪・性暴力被害者のためのワンストップ支援センター（一覧）

平成30年11月1日現在

※「性犯罪・性暴力被害者支援交付金」の交付対象となるセンターに限る。

No.	都道府県	名称	相談受付日時	相談電話番号 メールアドレス（※）（※メール相談を実施しているセンターのみ）	相談 電話	相談 面接	相談 メール	警察に相談しない場合の医療費等公費負担 交付金活用	警察に相談しない場合の医療費等公費負担 自治体独自制度	備考
1	北海道・札幌市	性暴力被害者支援センター北海道「SACRACH（さくらこ）」	月～金 13:00～20:00（祝日、年末年始を除く。）	050-3786-0799	○	○	-	-	-	-
2	青森県	あおもり性暴力被害者支援センター	月・水 10:00～21:00 火・木・金 10:00～17:00（祝日、年末年始を除く）	「りんごの花ホットライン」017-777-8349	○	○	-	○	-	
3	岩手県	はまなすサポート	月～金 10:00～17:00（祝日、年末年始を除く。）	019-601-3026 メール：HP内の相談フォームから送信	○	○	○	○	-	
4	宮城県	性暴力被害相談支援センター宮城	月～金 10:00～20:00 土 10:00～16:00（祝日、年末年始を除く。）	0120-556-460（こころフォロー）宮城県内専用フリーダイヤル	○	○	-	○	-	
5	秋田県	あきた性暴力被害者サポートセンター「ほっとハートあきた」	月～金 10:00～19:00（土日祝日、年末年始を除く）	0800-8006-410	○	○	-	○	-	
6	山形県	やまがた性暴力被害者サポートセンター「べにサポ やまがた」	月～金 10:00～21:00（祝日、年末年始を除く。）	023-665-0500	○	○	-	○	-	
7	福島県	性暴力等被害救援協力機関SACRAふくしま	月・水 10:00～20:00 火・木 10:00～16:00	024-533-3940	○	○	-	○	-	
8	茨城県	性暴力被害者サポートネットワーク茨城	月～金 10:00～16:00（祝日、年末年始を除く。）	029-350-2001	○	○	-	-	-	
9	栃木県	とちぎ性暴力被害者サポートセンター「とちエール」	月～金 9:00～17:30 土 9:00～12:30 緊急医療受付は22:00まで（祝日、年末年始を除く。）	028-678-8200	○	○	-	○	-	
10	群馬県	群馬県性暴力被害者サポートセンター「Saveぐんま」	月～金 9:00～16:00（祝日、年末年始を除く。）	027-329-6125	○	○	-	○	-	
11	埼玉県	埼玉県性犯罪・性暴力等被害専用相談電話アイリスホットライン	月～金 8:30～21:00 土 13:00～17:00（祝日、年末年始を除く。）	048-839-8341	○	○	-	○	-	民間団体による支援者
12	千葉県・千葉市	NPO法人 千葉性暴力被害支援センター ちさと	月～金9:00～21:00 土 9:00～17:00（祝日、年末年始を除く。）（被害直後の緊急支援は24時間365日対応）	ほっとこーる 043-251-8500	○	○	○	○	-	
	千葉県	公益社団法人 千葉犯罪被害者支援センター	月～金 10:00～16:00（祝日、年末年始を除く。）	043-222-9977	○	○	-	○	-	
13	東京都	東京都性犯罪・性暴力被害者ワンストップ支援センター「性暴力救援ダイヤルNaNa」（民間支援団体（SARC東京））	24時間365日	03-5607-0799	○	○	-	○	○	まずは警察庁の公費支出制度を始めとず、他の公的な負担制度の利用を行い、それが受けられない場合に補完的支援制度として案内しています。
14	神奈川県	かながわ性犯罪・性暴力被害者ワンストップ支援センター「かならいん」	24時間365日	045-322-7379	○	○	-	○	-	
15	新潟県	性暴力被害者支援センターにいがた	火～木 10:00～16:00 金10:00～月16:00（連続対応）祝日 10:00～翌日10:00（年末年始を除く。）	025-281-1020 メール：HP内の相談フォームから送信	○	○	○	○	-	
16	富山県	性暴力被害ワンストップ支援センターとやま	24時間365日	076-471-7879	○	○	-	○	-	
17	石川県	いしかわ性暴力被害者支援センター「パープルサポートいしかわ」	月～金 8:30～17:15（祝日、年末年始を除く。）※緊急医療などの緊急を要するご相談は、24時間365日対応	076-223-8955	○	○	-	○	-	

平成30年11月1日現在

※「性犯罪・性暴力被害者支援交付金」の交付対象となるセンターに限る。

		名称	相談受付日時	相談電話番号 メールアドレス(※) ※メール相談を実施しているセンターのみ	相談			交付金活用	警察に相談しない場合の医療費等公費負担 自治体独自制度	備考
					電話	面接	メール			
18	福井県	性暴力救援センター・ふくい「ひなぎく」	24時間365日	0776-28-8505	○	○	－	○	－	
19	山梨県	やまなし性暴力被害者サポートセンター「かいさぽ ももこ」	月～金 10:00～16:00 (祝日、年末年始を除く。)	055-222-5562 メール:HP内の相談フォームから送信	○	○	○	○	－	
20	長野県	長野県性暴力被害者支援センター「りんどうハートながの」	24時間365日	026-235-7123 メール:rindou-heart@pref.nagano.lg.jp	○	○	○	○	－	
21	岐阜県	ぎふ性暴力被害者支援センター	電話・メール相談:24時間365日受付 面接相談(予約制):月～金 10:00～16:00 (祝日、年末年始を除く。)	058-215-8349 メール:HP内の相談フォームから送信	○	○	○	○	－	
22	静岡県	静岡県性暴力被害者支援センター SORA	24時間365日	054-255-8710	○	○	－	○	－	
23	愛知県	ハートフルステーション・あいち	月～土 9:00～20:00 (祝日、年末年始を除く。)	0570-064-810 愛知県内からのみ通話可能	○	○	－	－	－	
		性暴力救援センター 日赤なごや なごみ	24時間365日	052-835-0753	○	○	－	○	－	
24	三重県	みえ性暴力被害者支援センター よりこ	月～金 10:00～16:00 (祝日、年末年始を除く。)	059-253-4115 メール:yorico@tenor.ocn.ne.jp	○	○	○	○	－	
25	滋賀県	性暴力被害者総合ケアワンストップびわ湖SATOCO	24時間365日	090-2599-3105 メール:satoco3105biwako@gmail.com	○	○	○	○	－	
26	京都府	京都性暴力被害者ワンストップ相談支援センター 京都SARA(サラ)	年中無休 10:00～22:00	075-222-7711	○	○	○	○	－	支援センターによる助成有
27	大阪府	性暴力救援センター・大阪SACHICO	24時間365日	072-330-0799	○	○	－	－	－	
28	兵庫県	ひょうご性暴力被害者ケアセンター「よりそい」	月～水、金、土 10:00～16:00 (祝日、12/28～1/4、8/12～8/16を除く。)	078-367-7874(ナヤミナシ)	○	○	－	○	－	
29	奈良県	奈良県性暴力被害者サポートセンター NARAハート	火～土 9:30～17:30 (祝日・年末年始・月曜日が祝日と重なるときは その翌日。を除く。)	0742-81-3118	○	○	○	○	－	
30	和歌山県	性暴力救援センター和歌山「わかやまmine(マイン)」	電話相談:毎日 9:00～22:00(受付は21:30まで)(年 末年始を除く。) 面接相談(予約制):月～金 9:00～17:45(祝日、年 末年始を除く。)	073-444-0099	○	○	○	○	－	
31	鳥取県	性暴力被害者支援センターとっとり(クローバーとっとり)	月・水・金 11:00～13:00、18:00～20:00 (年末年始を除く。)	0120-946-328(県内専用フリーダイヤル) 0857-26-7187(県外から通話可能)	○	○	－	○	－	
32	島根県	性暴力被害者支援センターたんぽぽ (島根県女性相談センター内)	月～金 8:30～17:15 (祝日、年末年始を除く。)	0852-25-3010	○	○	○	○	－	
33	岡山県	被害者サポートセンターおかやま (性犯罪被害者等支援センター内)	月～金 10:00～21:00 土 10:00～16:00 (祝日、年末年始を除く。)	086-206-7511	○	○	－	－	－	支援センターによる助成有
34	広島県	性被害ワンストップセンターひろしま	電話相談:24時間365日 面談相談:付添支援などその他の支援:毎日 9:00 ～17:00(第1・3・5日曜、祝日、12/28～1/4、8/13～ 8/16を除く。)(被害直後の急性期治療に係る支援 は、24時間365日対応)	082-298-7878	○	○	－	○	－	
35	山口県	山口県男女共同参画相談センター 「やまぐち性暴力相談ダイヤル あさがお」	24時間365日	083-902-0889	○	○	－	○	－	

多様性を排除しない社会にむけて

※「性犯罪・性暴力被害者支援交付金」の交付対象となるセンターに限る。

平成30年11月1日現在

		名　称	相談受付日時	相談電話番号・メールアドレス（※） ※メール相談を実施しているセンターのみ	相談 電話	相談 面接	相談 メール	警察に相談しない場合の医療費等公費負担 交付金活用	警察に相談しない場合の医療費等公費負担 自治体独自制度	備考
36	徳島県	性暴力被害者支援センター よりそいの樹 とくしま（中央・南部・西部）	24時間365日	共通相談ダイヤル 0570-003889 中央 088-623-5111 南部 0884-23-5111 西部 0883-52-5111	○	○	-	○	-	
37	香川県	性暴力被害者支援センター「オリーブかがわ」	月～金 9:00～20:00 土 9:00～16:00 （祝日、年末年始を除く。）	087-802-5566	○	○	-	○	-	
38	愛媛県	えひめ性暴力被害者支援センター	24時間365日	089-909-8851	○	○	-	○	-	
39	高知県	性暴力被害者サポートセンターこうち	月～土 10:00～16:00 （祝日、年末年始を除く。）	080-9833-3500	○	○	-	○	-	
40	福岡県・北九州市・福岡市	性暴力被害者支援センター・ふくおか	24時間365日	092-762-0799	○	○	-	○	-	
41	佐賀県	性暴力救援センター・さが「さがmirai」	月～金 9:00～17:00 ※佐賀県立男女共同参画センター・佐賀県立生涯学習センター（アバンセ）においても女性のための総合相談を受け付けています。 火～土 9:00～21:00、日・祝日 9:00～16:30（アバンセ）	0952-26-1750 （さがmirai） 0952-26-0018 （アバンセ）	○	○	-	-	○	
42	長崎県	性暴力被害者支援「サポートながさき」（公益社団法人長崎犯罪被害者支援センター）	月～金 9:30～17:00 （祝日、12/28～1/4を除く。）	095-895-8856 メールでの相談受付：HP内の相談フォームから送信	○	○	○	○	-	
43	熊本県	性暴力被害者のためのサポートセンターゆあさいどくまもと	毎日24時間 （12/28 22:00～1/4 10:00を除く。）	096-386-5555 メール：support@yourside-kumamoto.jp	○	○	○	○	-	事業により支援センターによる支援有
44	大分県	おおいた性暴力救援センター「すみれ」	月～金 9:00～20:00 （祝日、年末年始を除く。）	097-532-0330	○	○	-	○	-	
45	宮崎県	性暴力被害者支援センター「さぽーとねっと宮崎」	月～金 10:00～16:00 （祝日、年末年始を除く。）	0985-38-8300	○	○	-	○	-	
46	鹿児島県	性暴力被害者サポートネットワークかごしま「FLOWER」	火～土 10:00～16:00 （祝日、年末年始を除く。）	099-239-8787 メールでの相談受付：HP内の相談フォームから送信	○	○	-	○	-	
47	沖縄県	沖縄県性暴力被害者ワンストップ支援センター	月～土 9:00～17:00 （祝日、年末年始を除く。）	#7001	○	○	-	○	-	

・相談受付日時の「年末年始」：12/29～1/3

・医療費等の公費負担制度：性犯罪被害者の緊急避妊、人口妊娠中絶、初診料、診断書料、性感染症の検査費用、カウンセリング費用等に要する経費を公費で負担する制度。自治体によって制度が異なりますので（制度の有無・公費負担の対象者・対象となる費用等）、詳しくは各センターへお問い合わせください。

（内閣府男女共同参画局ホームページより）

資料　ジェンダー平等教育をめぐる動き

用語解説

隠れたカリキュラム	正規のカリキュラムとは別に、暗黙のうちに、また無意識のうちに伝えられるモデルやメッセージ。ジェンダーにとらわれた意図しない教職員の態度や発言などは、毎日繰り返されることで子どもたちにジェンダー・バイアスを再生産していくことになる。
北京行動綱領	1995 年、北京で開催された国連の第 4 回世界女性会議で採択された。女性のエンパワーメント及び女性と男性の間の平等という目的のため、12 の重大問題領域（①女性と貧困、②女性の教育と訓練、③女性と健康、④女性に対する暴力、⑤女性と武力行使、⑥女性と経済、⑦権力及び意思決定における女性、⑧女性の地位向上のための制度的な仕組み、⑨女性の人権、⑩女性とメディア、⑪女性と環境、⑫女児）が設定され、それぞれの戦略目標と、政府や NGO 等のとるべき行動指針が示された。
M 字型カーブ（M 字型雇用）	女性の労働力率（15 歳以上人口に占める労働力人口［就業者＋完全失業者］の割合）が、学校卒業後の高い数値から、結婚や出産の時期に顕著に低下し、育児が落ち着いた時期に再び上昇するという M 字の曲線を描くことをいう。日本では結婚や第一子の妊娠・出産を機に約半数の女性が離職する（2015 年国立社会保障・人口問題研究所「第 15 回出生動向基本調査（結婚と出産に関する全国調査）」参考）。他の経済先進国の中では、M 字型カーブは不存在または解消されているが、日本ではいまだに M 字型カーブがみられる。ただし、近年、M 字型の谷間が浅くなる傾向は確認されている。
セクシュアル・ハラスメント	性的嫌がらせや不快に感じさせる性的言動のこと。加害者側に嫌がらせの意図がなくともセクシュアル・ハラスメントとなり得る。セクシュアル・ハラスメントという言葉は 1970 年代のアメリカの女性解放運動の中で使われ始め、1985 年の ILO 総会で雇用の場におけるセクシュアル・ハラスメントは女性の労働権を侵害するものと位置づけられた。日本では、1989 年の福岡セクシュアル・ハラスメント事件の提訴後知られるようになり、同年の流行語大賞で金賞になるなどして認識が広まった。男女雇用機会均等法にセクシュアル・ハラスメントへの「配慮義務」が規定されたのは、1997 年（1999 年施行）。2007 年改正法施行後は「措置義務」となっている。セクシュアル・ハラスメントという言葉の普及後、日本では、地位を濫用した嫌がらせである「パワー・ハラスメント」や、妊娠・出産やその権利行使への嫌がらせである「マタニティ・ハラスメント」、男性の育児休業等に関する権利行使への嫌がらせである「パタニティ・ハラスメント」などの造語が次々と現れ、法制化されている。2019 年国会で、パワー・ハラスメントについても防止措置を義務づける法改正がなされた。
#MeToo（ミートゥー）	セクハラや性的暴行の被害体験を告白・共有する際に使用される、「私も」を意味する英語に #（ハッシュ）を付した SNS 用語。2017 年秋、アメリカ・ハリウッドの有名映画プロデューサーによる長年のセクシュアル・ハラスメントの告発がなされ、それを皮切りに多数の俳優らからのセクハラ・性暴力の被害の告発が続いた。性暴力を告発する被害者を孤立させてはならないという連帯のメッセージとして、ツイッターで #MeToo とリツイートしようとの呼びかけが急速に広がり、セクハラ・性暴力の根絶をめざす世界的な運動となった。
LGBT（エルジービーティー）	Lesbian（レズビアン、女性同性愛者）、Gay（ゲイ、男性同性愛者）、Bisexual（バイセクシュアル、両性愛者）、Transgender（トランスジェンダー、性別越境者）の頭文字をとった単語で、セクシュアル・マイノリティ（性的少数者）を表す略語の一つ。
SOGI（ソジ）または（ソギ）	Sexual Orientation and Gender Identity の頭文字のことで、性的指向（どの性別を好きになるか / ならないか）、性自認（自分の性別をどう認識しているか）という属性を表す略称。異性愛者なども含め全ての人がもっている属性。
カミングアウト	自分がセクシュアル・マイノリティであることを公表すること。公にしていなかった自らの出生や病状等を明らかにする際にも用いられるが、セクシュアリティの開示を指すことも多い。あくまで自己決定にもとづく行動であり、本人の許可のない開示は「アウティング」と呼ばれる。
アウティング	本人の了承なく、他人のセクシュアリティについて第三者に公言してしまうこと。性的指向や性自認の暴露であり、プライバシーの侵害行為にあたる。
リプロダクティブ・ヘルス / ライツ	性と生殖に関する健康と権利。1994 年にカイロで開催された国際人口・開発会議において提唱された概念で、女性の人権の重要な一つとして認識されている。いつ何人子どもを産むか産まないかを選ぶ自由、安全で満足のいく性生活、安全な妊娠・出産、子どもが健康に生まれ育つことなど、思春期や更年期における健康上の問題等、生涯を通じての性と生殖に関する課題が幅広く議論されている。また、子どもをもたないライフスタイルを選択する人々を含めた、すべての個人に保障されるべき健康概念。

多様性を排除しない社会にむけて

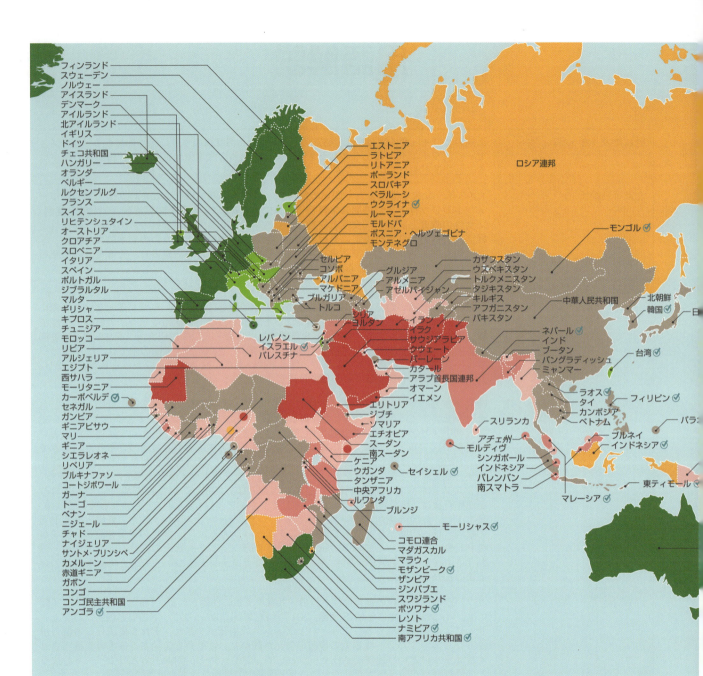

性的指向に関する世界地図

性的指向に関する法律は、国によって違う状況です。同性間の関係を犯罪とみなす法律がある国もあり、死刑や禁固刑などが適用される場合もあります。一方で、法による保護も広がっています。憲法によって法の下の平等が保証されている国、雇用の場などでの差別禁止法がある国、LGBTへの差別的言動がヘイトクライムと見なされる国もあります。2001年にオランダで同性間の婚姻が可能になり、2013年にはイギリス、フランス、2015年にアメリカ、2017年はドイツ、オーストラリアで同性間の婚姻が可能になりました。現在、G7で国レベルの同性パートナーへの法的保障がないのは日本のみとなっています。日本は、同性間の関係は犯罪ではありませんが、包括的な差別禁止法はなく、同性間では婚姻もできない国であり、国連人権理事会などから人権侵害であると指摘を受けている状況です。

2018年時点の状況　　http://lgbtetc.jp/news/1348/

多様性を排除しない社会にむけて　83

あとがき

　2009年、日本教職員組合は、子どもたち一人ひとりの「ゆたかな学び」を保障するため、ジェンダー平等の視点に立った教育実践を広げ深めていくことを目的として『多様性が尊重される社会をめざして―ジェンダー平等教育実践資料集―』を発刊しました。10年を経た今、性的マイノリティの子どもへの支援に関する社会の関心の高まりとともに、性の多様性への認識、性的マイノリティの子どもへの理解をすすめることが新たな課題となりました。一方、医大入試における女性差別や公人によるセクハラ発言など、性的な格差や不平等は依然として社会に残り続けています。そうした社会状況の中で、私たち教職員はジェンダー平等教育を更に深めていく必要があります。そのための資料集として『ジェンダー平等教育実践資料集―多様性を排除しない社会にむけて―』を発刊することとしました。

　この間、全国において「性の多様性を理解する」実践研究が深められました。全国教研での提案・交流もすすみましたが、依然として学校・社会に残る意識・慣習の変革、「隠れたカリキュラム」へのとりくみ、より厳しくなった労働環境へのとりくみも必要であるとの認識から、「性の多様性を理解する」実践だけでなく、前刊と同様に「意識・慣習」「労働・家族」「性の教育」を扱った実践も含めて1冊にまとめました。社会状況の変化とともに、教職員の年齢構成も変化し、次の世代に「両性の自立と平等をめざす教育」分科会の成果を引き継いでいく必要もあることから、前刊も本書と並行して引き続き使っていただきたいと思います。

　全国教研等で交流した実践事例を還流し、本書を手にした方々と共有することで、ジェンダー平等教育のこれからのすすめ方の指針となるようにと考えています。掲載した実践事例をもとに、新たな実践を生み出す研究・協議に活用してください。

　性別で分けない名簿の全国的なとりくみは、教育現場の男女平等をすすめるために1993年に日教組女性部が職場討議資料を発行して始まりました。当時「全校で、出席簿を性別で分けない名簿で実施している割合」は11.5%でしたが、約25年間のとりくみにより、2018年度には、83.3%（2018年度日教組性別で分けない名簿等の調査）に達しています。しかしながら、学校には、名簿のほかにも多様性を排除してしまう意識・慣習が残っている現実もあります。性の多様性が認められる環境をつくり、性差別撤廃にむけて意識・慣習を見直すとりくみは、ジェンダー平等教育の実践とともに続けていく必要があります。性別で分けない名簿が性別で分ける名簿へと後戻りしないよう、多くの先輩方から引き継いだこのとりくみも粘り強く続けていきます。

　最後になりましたが、編集・発刊にあたり、全国教研のリポーター、共同研究者をはじめ、各単組、組合員のみなさま、実践事例や資料をご提供くださったみなさまにご協力・ご支援いただきましたことに心より感謝申し上げます。

多様性が尊重される社会をめざして
― ジェンダー平等教育実践資料集 ―

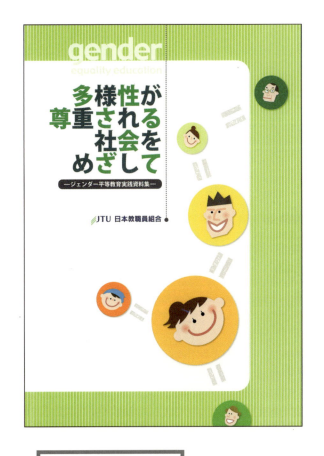

全国教研におけるリポートと多様な資料をふんだんに活用したジェンダー平等教育の実践のための指針となる一冊。

日本教職員組合
ジェンダー平等教育推進委員会 編
2009年3月/2011年9月2刷
㈱アドバンテージサーバー
A4判 112頁　定価（本体500円＋税）
ISBN 978-4-901927-77-2

【主な掲載内容】

◆Q&A　体育の男女共修をどうとらえたらいいのでしょうか？
　　　　ジェンダーフリーは男女の違いを消していく議論だという意見がありますが…
　　　　多様な家族のあり方を学ぶ必要性とは？
　　　　慣習や伝統をどうとらえたらいいのでしょうか？
　　　　働くことをどう教えたらいいのでしょうか？
　　　　性の教育について教えてください

◆実践実例　「男の子とトイレ」
　　　　　　変わっていく「家族」～ふたつの家族の姿から、家事労働について考える～
　　　　　　男女別を超えた短距離走のとりくみ「運動会での混合走」
　　　　　　性差別撤廃の主体を育てる「どうして働くの？ ～労働体験ワークショップ～」
　　　　　　「女の子は赤やして」に挑む ～地域に発信していった子どもたち～
　　　　　　性差別撤廃の主体を育てる「服─アジアと日本とのかかわり」
　　　　　　急ぎすぎる中学生の「性」
　　　　　　「健康教育─心とからだ─」の実践
　　　　　　「デートDV」未然防止へのとりくみ

日本教職員組合ジェンダー平等教育推進委員会
ジェンダー平等教育実践資料集作成チーム

　　　　　多賀　　太（関西大学）
　　　　　古田　典子（弁護士）
　　　　　野坂　祐子（大阪大学大学院）
　　　　　岩佐　尚史（福岡県教職員組合連絡協議会）
　　　　　内海　早苗（滋賀県教職員組合）
　　　　　瓦田　　尚（東京都高等学校教職員組合）
　　　　　福嶋　明美（奈良教職員組合）
　　　　　梶原　　貴（日本教職員組合）
　　　　　井坂　功一（日本教職員組合）
　　　　　大橋由紀子（日本教職員組合）
　　　　　栗原　　健（日本教職員組合）
　　　　　堀　とも子（日本教職員組合）
　　　　　則松　佳子（日本教職員組合）17年度
　　　　　倉田　　亨（日本教職員組合）17年度

協力者
　　　　　徳永　恭子（日本教育会館教育相談室前室長）
　　　　　八木千佳誉（新潟県教職員組合）
　　　　　久木田絹代（熊本教職員組合連絡協議会）
　　　　　楢本　博美（岡山県教職員組合）
　　　　　足立　まな（兵庫県教職員組合）
　　　　　服部　恭子（三重県教職員組合）
　　　　　渡邊　真秀（大分県教職員組合）
　　　　　片野　真紀（新潟県教職員組合）
　　　　　神代　恵美（福岡県教職員組合連絡協議会）
　　　　　　　　　　　　　　　　　　　（順不同）
　　　　　※（　）は実践当時の所属先

資料提供
　　　　　特定非営利活動法人　虹色ダイバーシティ

ジェンダー平等教育実践資料集
―多様性を排除しない社会にむけて―

発行日　　2019年11月1日　2019 Printed in Japan

編　者　　日本教職員組合
　　　　　ジェンダー平等教育推進委員会

発行所　　㈱アドバンテージサーバー
　　　　　〒101-0003　東京都千代田区一ツ橋2-6-2　日本教育会館
　　　　　TEL：03（5210）9171　FAX：03（5210）9173
　　　　　URL　https://www.adosava.co.jp

印刷所　　株式会社平河工業社
ISBN 978-4-86446-063-7 C0037